कतरन, कतरन होती है
उसे सही या गलत कहना बेकार है
जिसे खुद उसके अपनों ने
छोड़ कर अलग कर दिया हो
उस पर कसीदे या फिकरे कसना बेकार है
यह मेरी आधी-अधूरी, छंद-बेछंद में
बिखरी हुई लकीरें
कतरनों की ही तरह लाचार हैं
जिन्हें पूरा करना या सही करना बेकार है।

दर्द की कसक

शशिकान्त

डायमंड बुक्स

प्रकाशक   : डायमंड पॉकेट बुक्स (प्रा.) लि.
              X-30, ओखला इंडस्ट्रियल एरिया, फेज-II
              नई दिल्ली-110020
फोन   : 011-40712200
ई-मेल   : sales@dpb.in
वेबसाइट   : www.diamondbook.in

Dard Ki Katran
by : Shashikant Sadaiv

दर्द की कतरन

दर्द कुछ ऐसे भी हैं जो ग़ज़ल में तबदील नहीं हो पाए, जो गीत बनने से पहले ही मुरझा गए। न पूरी तरह कलम से फूट पाए न आंखों से बरस पाए। जिन्हें न होंठों ने मौका दिया ना ही कोई दूसरा सुनने को राजी हुआ, जिन्हें न बयां करने का इल्म था न छुपाने का हुनर, बस बिना सलीके और काएदे की स्याही से लिपटकर शब्द पन्नों पर छिटक गए। जो शब्द बिछ सकते थे बिछ गए और कुछ लापता हो गए। जो बिछ गए वो आज भी मौजूद हैं कतरन बनकर, जो काग़ज़ों में, लकीरों के नीचे कुछ शब्दों के आकार में कतरन बनकर टंके हुए हैं।

टुकड़ों-टुकड़ों में जीने वाले ये कतरनें देखने में जितनी तिरस्कृत, उपेक्षित और नज़रंदाज लगती हैं, होती नहीं हैं। यह बचा हुआ, रद्द-हिस्सा, यह आधा-अधूरा भाग किसी दूसरे अधूरे को उसकी पूर्णता दे सकता है। किसी की कमी को भर सकता है। इसी उम्मीद में न जाने मैंने कितनी कतरनों को जमा कर लिया है, जिसे लोग कूड़ा-करकट या रद्दी समझते हैं, मैं उन्हें संजोकर रखता रहा हूं। बस मेरी कतरनें कुछ और हैं और इनके मायने कुछ और।

मेरा दर्द ही मेरी कतरने हैं। भले इन कतरनों से किसी के नए कपड़े न सिल सकें, किसी का तन ना ढकता हो परंतु किसी के घाव ढंकने के, मरहम-पट्टी के तो काम आ ही सकती हैं। इसी उम्मीद एवं विश्वास में, कुछ मुक्तकों में, कुछ अश्'-आर में, कुछ ग़ज़ल में, कुछ क़त्'आत में। प्रस्तुत है छंद-बेछंद में, मेरे दर्द की कुछ तुकी-बेतुकी कतरनें।

— शशिकांत

लेखक परिचय

नाम	: शशिकांत
जन्मतिथि	: 13/11/1975
व्यवसाय	: संपादक, लेखक, कवि, पत्रकार, ज्योतिषी एवं सलाहकार
संप्रति	: आध्यात्मिक पत्रिका साधना पथ (मासिक) में संपादक के रूप में कार्यरत
प्रकाशित रचनाएं	: दर्द की कतरन (शायरी संग्रह) स्त्री की कुछ अनकही (काव्य संग्रह) दर्द के इर्द-गिर्द (काव्य संग्रह), रिसता हुआ दर्द (काव्य संग्रह), इंद्रधनुष रचते हस्ताक्षर (काव्य संकलन)
विभिन्न पत्र/पत्रिकाओं में हजार से अधिक लेख, रचनाएं एवं साक्षात्कार प्रकाशित	: नवभारत टाइम्स, हैलो दिल्ली, दैनिक हिन्दुस्तान, साधना पथ, गृहलक्ष्मी, गृहनंदनी, फ्यूचर समाचार, ओशो वर्ल्ड, हिंदी-जगत्, सुख-समृद्धि, कुमुदम भक्ति, समय सारांश, गुरुजी, कलियों को खिलने दो, इंडिया टाइम्स एवं फैब वुमैन डॉट कॉम **समाधान नाम से ज्योतिष केंद्र का संचालन व कई पत्र/ पत्रिकाओं में ज्योतिष संबंधित लेख प्रकाशित**
स्तंभकार	: वेल बीइंग, साधना पथ, गृहनंदनी, दैनिक हिन्दुस्तान, सुख-समृद्धि, कुमुदम-भक्ति, गुरुजी।
संपर्क सूत्र	: 9/60, गली नं. 12, तुगलकाबाद एक्सटेंशन, कालकाजी, नई दिल्ली-19
दूरभाष	: 69900321, 9810388549
E-mail	: shashikantjee@rediffmail.com

दर्द भी कोई किसी का, लय में कभी उठता है क्या
मात्राएं गिनकर कोई गीत कभी लिखता है क्या

दर्द पहले आया यहां या पहले व्याकरण आई
ज़ख्म जिसने न गिने हों, वो शब्दों को गिनता है क्या

जो लिखते हैं सलीके से, उनको भी मिलता है क्या
तारीफ और कुछ तालियों से, दुख कभी मिटता है क्या

छोड़िये क्या बात करनी कायदे और कानून की
काग़ज़ों के फूल पर भंवरा कोई मिलता है क्या

दिल की बात सीधी ही दिल तक पहुंचनी चाहिए
इनाम और ये नाम कभी, जग में कहीं टिकता है क्या

गीत-ग़ज़ल के पारखी कुछ कह कर दम लेंगे
प्यासे के दिल से पूछिए, उसे पानी में दिखता है क्या

• • •

लोग कहते हैं हमें लिखना नहीं आता
ग़ज़ल उठाने का, सलीका नहीं आता
दर्द तो बस दर्द है, हमें इसे सजाना नहीं आता

माना कि दर्द कहना भी होती है एक कला
हूं नहीं कलाकार मैं, मुझे अभिनय नहीं आता

कहीं रदीफ गड़बड़ है, तो कहीं काफिया गुम है
छांट कर खुद को लुगत में लिखना नहीं आता

बात तर्क की नहीं, खुद से वफ़ा की है
महफिल में अपने दर्द को गाना नहीं आता

न उतरती हो खरी, ये कायदे की नज़र में
काग़ज़ों में सिमटने का हमें हुनर नहीं आता

दर्द तो बस दर्द है, हमें इसे सजाना नहीं आता

• • •

दर्द को दफनाने की मोहलत नहीं मिली
चैन से मरने की भी फुर्सत नहीं मिली

आंखों में मेरे इस कदर छाए रहे आंसू
कि आईने में अपनी ही सूरत नहीं मिली

हर मोड़ पर ली जिंदगी ने इतनी तलाशी
कि इम्तहान देने की फुर्सत नहीं मिली

अपनों के लगते रहे मुझ पर इल्जाम इतने
कि खुद को जिंदा रखने की वजह नहीं मिली

सुकून से लेते रहे सांसें मेरे आंसू
मेरे ही जिस्म से मुझे राहत नहीं मिली

• • •

तुझे अपना न मैं कहूं तो और क्या कहूं
एक साथ इतने गम कोई गैर नहीं देता

तुझसे न मैं पूछूं, तो फिर किससे मैं पूछूं
तू ही तो है जो बातों के उत्तर नहीं देता

हो सके तो भूलकर न आना तू सामने
देखकर फेरूं नजर, मुझे शोभा नहीं देता

कितना भला तू वास्ता दे अपनी शराफत का
पीछे का मेरा वक्त आगे बढ़ने नहीं देता

•••

आएगी जब भी बात कभी इंसाफ की देखना
कर ना पाओगे अलग, सही गलत को देखना

बातें जो करनी पड़े कभी अपने आप से
ये एक शब्द भी न निकलेगा होंठों से देखना

सच-झूठ को गिनोगे जिस दिन हाथों से अपने
अफसोस हाथ आएगा उंगलियों को देखना

किसका था कसूर और, था कौन जिम्मेदार
सब समझ आ जाएगा, किसी का होकर देखना

आसान सी बातें सभी, बन जाएंगी मुश्किल
मेरी जगह खुद को कभी तुम रखकर देखना

• • •

कौन है जो साथ उसके रहता है सदा
फिरता है अकेला पर लगता नहीं तन्हा

खोया है किसकी याद में, इतनी बुरी तरह
गर बैठ जाए एक बार तो उठता नहीं जरा

किसकी फिक्र में हुई है उसकी ये हालत
कि जल रहा है याद में, बुझता नहीं जरा

आ रहा है क्या मजा उसे ऐसे जीने में
सीने में उसके सांस है पर लेता नहीं जरा

* * *

किसी को तन्हा रहने का दुख है
हमको साथ सहने का दुख है

सोचा था साथ में बंट जाएंगे दुख
पर हमको खुद के बंटने का दुख है

होती हैं यूं तो बातें, रोज बीच में हमारे
पर बातें ही बची हैं, इस बात का दुख है

ऐसा नहीं वो पूछते हों, मुझसे मेरा हाल
ये हाल है उनकी वजह से, इस बात का दुख है

है पता, उसको मुझे क्या चाहिए उससे
करता है पर अपने मन की, इस बात का दुख है

• • •

लौटकर आती रहीं तारीखें बारी-बारी
पर आज तक वापस कभी, वो वक्त नहीं आया

दबे पांव आती रहीं यादे सब तुम्हारी
एक बार भी यादों के संग, तू नहीं आया

उगता रहा हर रोज सूरज अपने ठिकाने से
एक बार भी पर रोशनी लेकर नहीं आया

कई बार सरकी है नमी, दिल की दरारों से
पर आज तक इन आंखों में, पानी नहीं आया

वक्त ने भी करके देखी मेहरबानी हम पे
पर तुमको ही मुझ पर कभी तरस नहीं आया

प्यार में होता है सबका हाल एक सा
क्यों हाल उसको मेरे दिल का समझ नहीं आया

• • •

दुनिया समझती है इसे दुख नहीं होता
रोने का एक सपना है   वो सच नहीं होता

बस एक ही मलाल है, इस उम्र से हमें
क्यों आंखों का खुलकर कभी बहना नहीं होता

पूछते हैं अपने दिल से, हम भी यही सवाल
क्यों दिल की बात करके दिल हलका नहीं होता

आंखों की एक जिद है जो पूरी नहीं होती
वक्त पर रोएंगे, रोज का रोना नहीं होता

करती हैं खर्च जिंदगी, मुझ पर कई सांसें
इन सांसों का मुझ पर कोई असर नहीं होता

यह सोचकर सपनों को, नहीं होने दी खबर
कि देखा हुआ सपना हमेशा, सच नहीं होता

• • •

गीत गाती पंक्तियों का हर शब्द गूंगा हो गया
भेजा हुआ हर खत तुम्हारा, आज काग़ज हो गया

संभालने थे कागज तो, रद्दी ही क्या बुरी थी
बेवजह कोने में दिल के, तू भी जमा हो गया

किताबों में छुपाकर, रखा था जिसे उम्र भर
वक्त की तह में वो खुद, पुर्जा-पुर्जा हो गया

अब कतरनों को जोड़ कर, तुम्हें इसमें क्या खोजूं
सामने है सब नतीजा, जो होना था हो गया

गिन के तेरे खतों को अब एहसास होता है
कैसे तेरे काग़जों पर एतबार मुझे हो गया

हो गई क्यों आंखें गीली, इन सूखे शब्दों से
कैसे कहूं एक जख़्म था, पढ़कर हरा हो गया

खाते में तो खत ही आए, हमको तो उसके
लिखने वाला इन खतों को कब का अक्षर हो गया

• • •

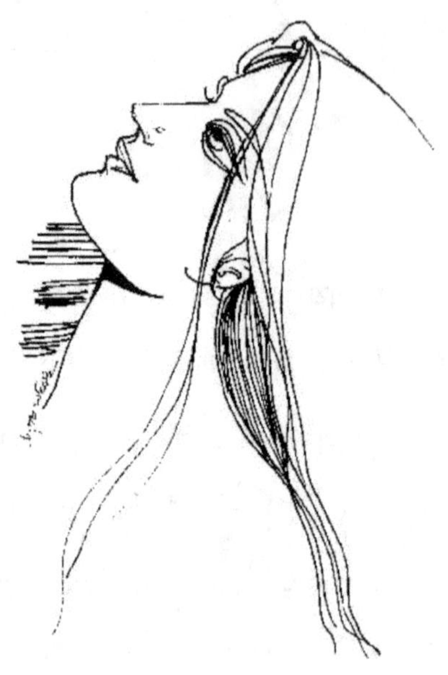

मैं देखने की चीज हूं मेरी आरजू न कर
बदनाम हूं बहुत मैं बरबाद यूं न कर

किसकी नहीं टिकी है इन आंखों पर निगाहें
आंखों को आंख रहने दे इन्हें झील यूं न कर

जी भर के देख मुझको और तन्हा छोड़ दे
होगा क्या उसके बाद इसकी फिक्र तू न कर

मत पूछ तू मर्जी मेरी न सुकून के ठिकाने
जो आज तक नहीं उठा वो सवाल तू न कर

तू भी तो रुक जाएगा साथ दो कदम चल के
दुनिया के इस रिवाज पे एतराज तू न कर

दे कोई इल्जाम मुझको, बन जाने दे तमाशा
बना के अपनी आबरू, नीलाम यूं न कर

तू नहीं तो और कोई, मुझे तोड़ ही देगा
मांग कर दुआ में अपनी, मेरा कत्ल यूं न कर

कतरन ही रहने दे मुझे, बंटा-बंटा ही रहने दे
जोड़कर इन कतरनों को, अखबार यूं न कर

मुझको तो अपना इल्म है, जग का भी है पता
फिर बेवजह झूठी मेरी तारीफ यूं न कर

जीने नहीं देगी तुझे दुनिया 'शशि' के संग
खुद को अगर-मगर में, जाया तो यूं न कर

• • •

वो मिल गया है फिर भी क्यों राहत नहीं मिलती
क्या चाहिए इस दिल को तसल्ली नहीं मिलती

कहने को जितना पास है, वो है करीब उतना
मौजूदगी में उसके वो हकीकत नहीं मिलती

कहता है लौटकर आया हूं, मैं छोड़कर सबको
उसके ही चेहरे से उसी की शक्ल नहीं मिलती

अजीब सी एक जिद है जो परखती है उसी को
धूप में जिसकी उसे छाया नहीं मिलती

होते ही जिसका जिक्र महक उठती थी सांसें
आज उसके नाम से ही खुशी नहीं मिलती

किस्सा ही कुछ ऐसा है दोनों के बीच का
साथ रहकर भी कोई कहानी नहीं मिलती

•••

मेरा दर्द मेरा सिर्फ खुदा जानता है
फिर तुझे कैसे कह दूं, तू खुदा तो नहीं
माना तू बंदा है मेरे खुदा का
तू हिस्सा है उसका, पर उस सा नहीं

• • •

मुझको भी हंसना पड़ता है
साथ लोगों के चलना पड़ता है
मुश्किल और तब बढ़ जाती है
जब 'खुश हूं मैं' कहना पड़ता है

• • •

छोटा समझ के किसी को यूं नकारा नहीं करते
बीज को आकार से उसके नापा नहीं करते
हो हकीकत कितनी भी किताब में किसी की
आंख से पढ़ने को ही पढ़ना नहीं कहते

• • •

लगा के इल्ज़ाम कोई वो मुझको छोड़ जाता
तन्हाई काटने का कोई इंतजाम कर जाता
चुभते ही रहते भले, मुझे अल्फाज ही उसके
पर मुझसे थी उम्मीद उसको, ये अंदाजा लग जाता

• • •

उलझें रहेंगे आप सदा, एक सवाल में
छिड़ेगी जब भी बात कभी मेरे बारे में
दिल भी बहुत दुखेगा, आंखें भी रोएंगी
जब भी करोगे फैसला, तुम अपने बारे में

• • •

साथ देने का मन करता है, उसको तन्हा देखकर
रुलाने को जी करता है, उसकी आंखें देखकर
बह जाए गर खुलके तो, इस जी को तसल्ली हो
कैसे खुले में घूमता है, वो खुद को समेटकर

शाख में कांटे कितने भी हों
पर छांव कभी चुभती नहीं है
कोशिश जारी कितनी भी हो
आरी से पानी कटता नहीं है

• • •

मुश्किल नहीं है जवाब देना, बातों का उसकी
पर होंठों पर उसके कोई सवाल भी तो हो
तोड़ दूं रिवाज में उसकी तन्हाई का
कम्बख्त को मुझसे कोई शिकायत भी तो हो

• • •

कुछ इस कदर वो मुझे निहारता रहा
बोले बिना एक शब्द के पुकारता रहा
देता रहा दावत मुझे वो आंखों से अपनी
थी खता उसकी सजा मैं भोगता रहा

• • •

पीठ करके बैठा रहा, मुझे निहारने वाला
उखड़ा हुआ बैठा रहा, मुझे जोड़ने वाला
खंगालता रहा मैं अपनी, यादों के पुलिंदे
फारिग वो बैठा रहा, मसरूफ करने वाला

• • •

तारीफ कर रहे हैं सब, मेरी इस जहान में
क्या जानते नहीं हैं वो, अभी मैं नहीं मरा
निभा रहे हैं सब रिवाज जीते जी मेरे
जिंदा दफन करके क्या उनका, दिल नहीं भरा

तिनके को बहाना बनाया है
कभी आंखों में पानी मारकर
कभी रोने का शोर छुपाया है
नहाते में नलका खोलकर

* * *

आज लौटा है तो, वो मांगने सामान अपना
हाल पूछा भी तो, सुना के फैसला अपना
बात भी क्या हुई सिर्फ सवाल हुए
सफाई देने में किस्सा तमाम हुआ अपना

* * *

कतरन ही रहने दो मुझे, बंटा-बंटा ही रहने दो
ऐसा न हो जुड़ने से मैं, कहीं पढ़ने में आ जाऊं
मत बिछाओ पलकों को तुम इंतजार में मेरी
ऐसा न हो मैं आंसू बनकर, आंखों में आ जाऊं

* * *

ज्यादा लिखा मैंने अगर, तो बनकर किताब रह जाऊंगा
आया नहीं हूं हाथ अब तक, फिर एक बार में आ जाऊंगा
रख देगा फिर गुलाब कोई सूखने को मुझमें
या बनके मैं संग्रह किसी का, अलमारी में रह जाऊंगा

* * *

अपने बारे में कहूंगा तो कईयों का जिक्र हो जाएगा
मानते हो जिनको भला वो भी बुरा हो जाएगा
छोड़िये क्या छेड़नी बातें मेरे जहन की
मेरे बयां से मेरा कोई अपना खफा हो जाएगा

'हां' न सही, 'ना' ही सही
उसकी जुबान से, कुछ भी सही
कुछ तो कहा उसने मुझसे
न सही प्यार से, नफरत से ही सही

•••

आदमी पैरों से अपने कभी खुद नहीं चलता
उम्मीद चलाती है उसको या फिर किसी की याद
बात भी कभी आदमी सीधी नहीं करता
आंखों से बोलता है या करता है खुद से बात

•••

बचपन में जब रोना आता था तब दर्द नहीं होता था
आज जब इतना दर्द होता है तब रोना नहीं आता है
देखो हम कितने बड़े हो गए हैं
माहिर थे जिसमें उसमें ही पिछड़ गए हैं

•••

मैं सबसे चालाक हूं मैंने खुद को चला दिया
कितनी आसानी से खुद को, खुद का बता दिया
था मुझको मालूम क्या आगे होने वाला है
सपने को भी मैंने कल का सपना दिखा दिया

•••

बरसों से अटका हुआ है वो इक सवाल पे
न जाने कौन से उत्तर को वो तलाश रहा है
लगता है उम्मीद है उसे आज भी किसी से
तभी तो खुल्लेआम खुद को तराश रहा है

माफ करना ही मेरा बस गुनाह हो गया
देख तो हंसना मेरा कितना बुरा हो गया
नज़रें तक तो मिली न थी, मेरी भी उनसे
क्या झुकी आंखों का वो, इतना दिवाना हो गया

• • •

अजीब ही है सच का नाता आदमी के संग
कभी कहा नहीं जाता तो कभी सुना नहीं जाता
रहती है उम्मीद यूं तो सदा दूसरों से सच की
पर सुनने के बाद सच को सहा नहीं जाता

• • •

कितनी गहराई से खोया हुआ है वो इक किताब में
लगता नहीं है उसमें कुछ वो पढ़ भी रहा है
न पलकें झपकती हैं ना ही पन्ने उलटते हैं
बस किताब के बहाने खुद को वो टटोल रहा है

• • •

यूं ही नहीं आती अकल सिर्फ सांस लेने से
हर सांस के संग आंसू भी कई पीने पड़ते हैं
कहते हैं लोग, है बहुत दम बातों में मेरी
सब पूछते हैं कौन सी हम किताब पढ़ते हैं

• • •

मैं जानता हूं मरना, फिर भी मरता नहीं हू मैं
लगती है रोज ठोकर, सुधरता नहीं हूं मैं
तरीके भी मालूम है, और हिम्मत भी है मुझमें
पर सोचता हूं और अब कितना बचा हूं मैं

तजुर्बे यूं ही नहीं हुआ करते हैं,
हर तजुर्बे में कई दर्द रहा करते हैं
लोग कहते हैं बड़े तजुर्बेकार हैं हम
कितने अदब से वो तारीफ़ किया करते हैं

• • •

पत्थर ही कह दिया है तो ठोकर भी मार दे
रखकर किसी कोने में क्यों मुझे बख्श रहा है
दिल में रुकी हर बात को तू साफ-साफ कह दे
तराशने के बहाने क्यों मुझे तोड़ रहा है

• • •

बड़े हुनर से वो अपने गम छुपा लेता है
ऐसे हंसता है कि मुझको रुला देता है
हूं मैं वाकिफ उसकी नस-नस से लेकिन
वो अपने झूठ से मेरे सच को हरा देता है

• • •

कैसी ये नफ़रत है उनसे, शिकायत नहीं होती
पलकों से अपने आंसुओं की हिफाजत नहीं होती
कहने को रहते हैं हम, इंसानों के बीच में
पर इंसान की भी ठीक से पहचान नहीं होती

• • •

अच्छा हुआ कि आ गए, आंखों में मेरे आंसू
आते नहीं तो सोचता हूं, कितना मेरा नुकसान होता
कुछ भी नहीं है जब कहा, तो सर पर कई इल्ज़ाम है
गर बोलता तो सोचता हूं और कितना बदनाम होता

एक भी होती अगर मुझमें कोई खूबी
कोई प्यार न करता भले, नफरत ही करता
देता भले न साथ वो, किसी मोड़ पर मेरा
पर साथ अपने चलने की, इजाजत तो देता

• • •

देखकर चुपचाप कभी, गुजरा नहीं था वो
इस तरह मुझसे कभी, बोला नहीं था वो
टाल गया मुझको वो खुद मेरी ही राहों में
क्या दिखाना चाहता था, मुझसे छिपा कर वो

• • •

हम ही जिम्मेदार सही, हालातों के अपने
है तसल्ली इस बात की, दर्द हमने खुद को दिया है
होती है तकलीफ यूं तो फांसलों से अपने
है सुकून इस बात का ये फैसला हमने लिया है

• • •

महफिलों में ढूंढ आओ, जाके मुझको दोस्तों
गर मैं नहीं वहां तो, मेरा चर्चा जरूर होगा
होगा जरूर जिक्र किसी की ग़ज़लों में मेरा
वरना किसी खामोश के सीने में दर्ज होगा

• • •

रहती है मुझसे शिकायत, सबको एक सी
क्यों बोलता नहीं मैं, कुछ सहने के बाद भी
छोटा-सा एक काम भी, यह होता नहीं मुझसे
मान लेता हूं क्यों कहना, नहीं करता अपने मन की

लानत है इस जिस्म पर, जो मरता ही नहीं
वरना इतनी सुन के कोई जीता ही नहीं
हैरान हैं सब सोचकर क्या हो गया मुझे
कैसे मैं जी गया हूं, मुझे खुद खबर नहीं

• • •

बेवजह न यूं करों, तुम मेरी इतनी चिंता
अपनी ही फिक्र की मुझे, अभी आदत नहीं पड़ी
मत संभालो तुम मुझे यूं ही गिरने दो
ठीक से अब तक मुझे ठोकर नहीं लगी

• • •

रखते हैं हर खबर वो, पल-पल की मेरी
कभी जांचते हैं नब्ज तो, कभी करते हैं निगरानी
ये फिक्र है उनकी कोई या शक की है निशानी
क्यों मुझसे ज्यादा याद है उन्हें मेरी कहानी

• • •

क्या आजमाना चाहते हैं, ये दुनिया के लोग मुझसे
क्यों सीधी बात पूछते हैं घुमा-घुमा के मुझसे
कभी करते हैं तारीफ तो कभी हो जाते हैं खिलाफ
साबित क्या करना चाहते हैं, लगाकर उम्मीद मुझसे

• • •

यह सोचकर सब सह लिया कि दर्द भी कभी काम आएगा
सीखा है जो इस वक्त से मैंने, वक्त पर वो भी काम आएगा
ना फिक्र है मुझको किसी की, ना शिकायत है किसी से
हाथ मेरे कुछ आए ना आए, अनुभव तो हाथ आएगा

भुलाए नहीं भूलतीं बातें उसकी
छुड़ाए नहीं छूटती आदतें उसकी
वो तो चला गया सब दो बातों में कह के
पर खामोशियों में आज भी, आवाज़ें हैं उसकी

• • •

बिखरी रहीं गजलें, कई पन्नों पर मेरी
पड़ा रहा दर्द गिरवी, कई लफ़्ज़ों में मेरा
लिपटी रही कई सिसकियां कलम से मेरी
रिसता रहा दर्द कई बहानों में मेरा

• • •

क्या बुरा है हम अगर खुद पे हंसते हैं
सारे जहान वाले फिर भी ताना कसते हैं
किसी को कुछ देते नहीं, किसी का कुछ लेते नहीं
क्या बुरा है गर सौदे में हम खुदको ठगते हैं

• • •

कब तक जवाब देते रहोगे, तुम पूछने पर मेरे
पूछे बिना तुम जवाब दो, कभी ऐसा भी तो हो
कब तक लेकर बैठे रहोगे, तुम पुराने किस्सों को
नए फसानों का कहीं कुछ जिक्र भी तो हो

• • •

संभाल कर रखे थे मैंने चार जोड़ी आंसू
वो भी समय पर, न मेरे काम आए
जब भी करी है कोशिश, इन्हें जोड़ने की मैंने
बस फिसलते रहें हैं कभी ठहर ही न पाए

कहते हैं शब्दों में बड़ी धार होती है
हाथों से बुरी इनकी मार होती है
घाव दिखता नहीं है जिस्म पर इनका
पर आंखों में अश्कों की कतार होती है

• • •

उलझे पड़े हैं लफ्ज कितने आंखों में उसकी,
कि बूंद-बूंद होकर ही वो सुलझ पाएंगे
मुमकिन नहीं है इतना सब एक बार में कहना
कहने में दिल की बात बरसों बीत जाएंगे

• • •

गुमसुम सा वो बैठा हुआ है, वो एक कोने में
कि कौन से लहजे में मुझसे वो बोल रहा है
अजीब ही लिबास है आज उसके चेहरे का
कि नकाब में रहकर भी वो बेनकाब हुआ है।

• • •

भले जितनी ही लत हो दिल को दर्द सहने की
पर जब भी उठता है तो महसूस होता है
हो पुरानी बात कोई या हो नया किस्सा
देने वाला दर्द को, कोई अपना खास होता है

• • •

काश! ना रहता मेरा खुद साया मेरे साथ
लोगों को मेरी तन्हाई का, कुछ इल्म तो होता
बेशक ना करते वो यकीं किसी बात का मेरी
पर सुनते हैं मेरी बात को, ये दिलासा तो होता

इतना बदल गया है कि वो मुकरने लगा है
सीखकर मुझसे मुझ ही को सिखाने लगा है
पढ़ लिया उसने सब किताबों को इतना
कि बोलने की बातें भी सुनाने लगा है

• • •

सोचा बहुत कुछ लिखूं पर लिखा नहीं गया
तुमसे बात करके दिल को रुका नहीं गया
आज रिश्ते बंद हैं, कलम फिर भी चलती है
तुमको ही तुझसे दूर इतना देखा न गया

• • •

नया नया सीखा है इन, आंखों ने रोना
ठीक से गर न बह पाऊं तो, तुम खफा न होना
हो सकता है रो दूं मैं छोटी-सी बातों पर
पर छोटी-सी बातों को तुम कभी छोटा न कहना

• • •

लोग मुझ पर हंसते तो, कुछ और बात थी
खुद अपने पर हंस रहा हूं अब और क्या कहूं
खबर मेरी लेता ज़माना, तो कुछ और बात थी
खुद बन गया हूं मैं खबर, अब और क्या कहूं

• • •

कौन करे हिसाब, यहां जीने मरने का
मुश्किल है एक दिन पे, अपनी नजर रखना
कौन ले करवट यहां रातों को बिस्तर पे
मुश्किल है अपनी आंख में पल भर की नींद रखना

किसका कसूर है, खामोशियों में उसकी
कौन है वो जो उसे, ये मौन देता है
कोई तो रुका हुआ है, इस चेहरे के पीछे
कौन सा है साया वो, जो उसे नया रूप देता है

• • •

खुशियों की क्या तुझसे, उम्मीद मैं करूं
तू चैन से एक पल मुझे, कभी रोने नहीं देता
आंखों में जो आंसू है मेरे, मैं उसकी क्या कहूं
जो है जुबां पर तू उसे, कभी कहने नहीं देता

• • •

कौन रोता है यहां किसी और की सुनके
सब अपने गम को याद कर, आंसू बहाते हैं
दर्द होता है सभी को, अपने जख़्मों का
और देख कर औरों का दुख मातम मनाते हैं

• • •

कहने पे भी करी नहीं, कभी मैंने, फिक्र अपनी
मालूम ना हो हाल अपना, इस खौफ से डरता रहा
मैं जानता था क्या रुका है इन आंखों में मेरी
डूबने के डर से मैं कहीं आग में जलता रहा

• • •

कुछ रोने लगे हैं सुनकर, ये पंक्तियां मेरी
और कुछ ऐसे भी हैं, जो रोना भूल बैठे हैं
कुछ ऐसे हैं जो अटके हुए हैं एक सवाल पर
और कुछ ऐसे भी हैं जो कहना भूल बैठे हैं

सांसों में हर पल तेरा ख्याल है
तेरी याद ही अब मेरा इलाज है
भूल जाऊं मैं तुझे ये मुमकिन नहीं
मेरे हर सवाल का तू ही जवाब है

• • •

मुझसे मिलकर वो रोया बहुत है
शायद उसका कुछ खोया बहुत है
वरना आसां नहीं, इस कदर रोना
यादों में उसकी कोई ठहरा बहुत है

• • •

अपनी जिंदगी से मुझको भूलाने वाले
तेरी जिंदगी से तुझको, कोई तो सबक मिले
मझधार में मुझको यूं छोड़ने वाले
मुझे छोड़ने का तुझको कोई तो सिला मिले

• • •

बेवजह ना यूं करो, तुम हंसाने की कोशिश
ऐसा ना हो, इस बार आंसू, मेरे होंठों से बह निकलें
मत बुझाओ आग को, तुम फूंक से अपनी
ऐसा ना हो कहीं फूंकने से, उठ जाएं और लपटें

• • •

कैसा असर हुआ, ये तेरे प्यार का मुझ पर
कि सब हंस रहे हैं मुझ पर, मुझे रोना नहीं आता
दुहरा रहा है हर कोई, एक बात जाने कब से
मैं हूं किसी की बात पर, मुझे गुस्सा नहीं आता

पन्ने-पन्ने को पलटकर देखो
उसी में से कहीं झांकता हूं मैं
कतरे-कतरे को जोड़ कर देखो
हर धागे से लिपटा हूं मैं

•••

किताब   सी   है   उसकी   आंखें,
कभी सवाल लगती हैं कभी जवाब लगती हैं,
खाती नहीं है मेल उसके चेहरे से आंखें,
कभी शरीफ लगती हैं कभी बेईमान लगती हैं

•••

लोग कहते हैं शेर मेरे, मिलते हैं औरों के शेर से
उनका भी हाल मेरे हाल के करीब रहा होगा
अपनी सी लगती है क्यों, सबको मेरी जुबां
उनका भी कहना कहीं बाकी रहा होगा

•••

वो रूठकर मुझसे, आज तक नहीं बोले
आज बोले भी तो बोले, कि फिर नहीं मिलना
कैसे कर लूं मैं उनकी इस बात पर यकीं
लगता है जैसा, कह दिया हो सांस नहीं लेना

•••

किस मिट्टी का है जिस्म मेरा, जो रोकर भी, गलता नहीं
हो सकता है ठीक से, मुझको रोना आता नहीं
आंखों में आंसू का दिखना, क्या इतना जरूरी है
कि इनके बिना किसी दूसरे को, जरा भी तरस आता नहीं

बंद करो ये माफ़ियों का शोर
खामोशियों से चुप रहा नहीं जाता
तुम्हें कोई नया मिला हो या नहीं
मुझे अब और कोई ढूंढ़ा नहीं जाता

• • •

मुझको पता है बेकार है, ये इंतजार तेरा
पर ये भी ना मैं करूं, तो और क्या करूं
होते नहीं क्यों मुझसे, तमाम काम मेरे
हालत पे और कितनी, मैं अपनी रहम करूं

• • •

क्यों पूछते हो उम्र मेरी, मेरे हाल को सुनकर
खुद दर्द ने मुझसे मेरी, कभी उम्र नहीं पूछी
कैसे क्या किसने दिया, ये मुझसे ना पूछो
खुद मैंने अपने आप से, इसकी हद नहीं पूछी

• • •

लकीरों को हथेली पे लिए, माथे से क्या पीटूं
पीटने के शोर से, कौन-सा नसीब जगता है
मांगू तो क्या मांगू, मैं अपनी मन्नतों में उससे
थकने के बाद सपनों का यही हाल होता है

• • •

कमाई थी कभी सांसें, इस मौत ने भी
की जमा थी चंद सांसें, इस आस ने भी।
कुछ दो घड़ी रुकी तो, कुछ चार पल चली
कुछ चली कांधों पे लदके, तो कुछ घुटनों के बल चली

सगी आंखों में, गैर के आंसू
ना ठहरते हैं, ना बहते हैं आंसू
जितना भी पोंछा है हमने
उतना ही बहते हैं आंसू

• • •

इस जिंदगी में हमने क्या-क्या नहीं देखा
हर उम्मीद को इंतजार के हाथों में देखा
तन्हाई जो वीराने में रहती थी कभी
उसे आज हमने अपने जहन में देखा

• • •

बीता समय हर एक को बताया नहीं जाता
बीते समय से खुद को बिताया नहीं जाता
हाथ कुछ आता नहीं बस वक्त जाता है
यह जान कर भी हाथ को छुड़ाया नहीं जाता

• • •

कुछ हालत ही है ऐसी, मैं तुमसे क्या कहूं
खुद पूछ रहा हूं खुद से, ये मुझे क्या हो गया
कुछ है परे जो मुझसे, नहीं पूछता है मुझको
देकर बिना जवाब के, कोई यूं ही चला गया

• • •

आना ना जिंदगी में, मेरी लौट कर कभी
बड़ी मुश्किलों से निभी है, इस दर्द से मेरी
यही तो है जिसने नहीं छोड़ा है साथ मेरा
ऐसा ना हो ये फेर ले मुझसे नज़र अपनी

मौसम में पानी हो ना हो
पर बूंद-बूंद भी अब मैं नहीं
साथ तुम्हारा कितना भी हो
पर कदम-कदम भी अब मैं नहीं

* * *

तुम्हारी याद में अब और, जिया नहीं जाता
इन आंखों से अब और, रुका नहीं जाता
तुम बुलाओगे, कभी उस पार से मुझको
इस इंतजार में अब और जला नहीं जाता

* * *

अड़चन नहीं है कोई, जाने में पास उनके
फिर भी करीब उनके, जाया नहीं जाता
गैरों से पूछते हैं, वो हमारे बारे में,
खुद हमसे आकर उनसे, पूछा नहीं जाता

* * *

सीधे मुंह बात नहीं करती, कभी जिंदगी मेरी
जब भी मैंने रोका है इसको, इसने मुंह लटकाया है
हाथ जोड़ने पर भी मेरे, नहीं हाथ मिलाया है
हर छोटी सी हां में इसने, वक्त लगाया है

* * *

पारो बनने की कोशिश ने, मुझे चंद्रमुखी बना दिया
पहली बनने की कोशिश ने, मुझे पहेली बना दिया
चाहती थी जिंदगी में पत्नी मैं उसकी बनूं
किस्मत ने मुझको उसकी रखैल बना दिया

यादों में मेरी   रहता है जो
क्या याद मुझे करता है वो
करके बंद कमरे में खुद को
कभी चुपके-चुपके रोता है वो

• • •

वक्त ने कभी मेहरबानी नहीं की
पर एतबार है कि जाता ही नहीं
इस तरह रहा वह जिंदगी में मेरी
कि जाने के बाद भी जाता नहीं

• • •

होता है रोज इजाफा कोशिशों में मेरी
कि देती है रोज नसीहत मुझको उम्मीदें मेरी
करता हूं रोज बंदोबस्त खुद को हंसाने का
कि लगा देती है ठिकाने से किस्मत मुझे मेरी

• • •

हम चाहते थे पूछे वो, हमसे हमारे दिल का हाल
पर ये सवाल उसने भी, सिर्फ होंठों से पूछा
शामिल नहीं था अपने वो इस खुद सवाल में
मेरी तसल्ली के लिए, बस उसने नाम को पूछा

• • •

चाहता हूं लिखना बहुत कुछ, पर कुछ लिख नहीं पाता हूं
भागता हूं शब्दों के पीछे, पर शब्दों में उलझ जाता हूं
सोचता हूं कुछ ऐसा लिखूं कि दिल को हलका कर सकूं
पर हलका-हलका ढोते-ढोते भार से मैं दब जाता हूं

जीना मुश्किल लगता था पहले
अब मरना मुश्किल लगता है
मरने की चाहत है इतनी
कि जीवन लंबा लगता है

•••

हर पानी आंसू नहीं होता
हर कंधा सहारा नहीं होता
सफर में मिलते हैं यूं तो कई
हर हमसफ़र, हमसफ़र नहीं होता

•••

तकलीफ थी हमको फिर भी रो नहीं पाए
मजबूरियां थीं इतनी ऐसी कि बह नहीं पाए
अपनी क्या करते शिकायत इस ज़माने से
इस ज़माने ने ही तो हैं, रंग दिखलाए

•••

अपना कहकर मुकर गई, खुद जिंदगी मेरी
कभी थूकती है मुझ पे, तो कभी चाट जाती है
कहती है कभी अपना तो कभी अजनबी बताती है
देकर हुनर इंतजार का, मुझको आजमाती है

•••

ये रिश्ता टूट जाए भी तो क्या, ये संबंध छूट जाए भी तो क्या
मैं नहीं कुछ, जिंदगी में तुम्हारी, सब बिखर जाए भी तो क्या
बताऊं भी, तुमको तो क्या, समझाऊं भी, तो कैसे क्या
जरूरत नहीं जब तुमको मेरी, फिर आस भी लगाऊं तो क्या

वो बिछड़ने के लिए मिलता रहा
मुझको हंसाने के लिए हंसता रहा
जानता था   हकीकत मेरी
फिर भी कोशिश   करता रहा

● ● ●

बातें जितनी थी, करके देख ली
खामोशी सारी सुनके देख ली
लगाई जा सकती थी, उम्मीद जितनी
उम्मीदें सारी लगा के देख ली

● ● ●

लफ़्ज़ कई ऐसे भी हैं, जो निकल नहीं पाए
दर्द कई ऐसे भी हैं, जो ग़ज़ल नहीं हो पाए
क्या होगा मेरे उन जख्मों का,
जो मौत के संग भी भर नहीं पाए

● ● ●

कोई खास फर्क नहीं है, सपने और नाटक में
एक खत्म होता नहीं, एक पूरा होता नहीं
कोई खास फर्क नहीं है जीने और मरने में
मौत कभी आती नहीं जीना कभी होता नहीं

● ● ●

कर गया है पार खुद, दर्द अपनी सरहदें
कि मान बैठी है सगा, मुझे मेरी उलझनें
नहीं छोड़ती है दामन, एक पल को भी मेरा
तोहफे में रोज मिलती हैं मुझे मेरी ही कतरनें

खुद को मैंने हंसते देखा था
बिना शिकायत जीते देखा था
छोटे-छोटे सपनों पर मैंने
खुद की बड़ा होते देखा था

• • •

दिल से उठती है जो तमन्नाएं मेरी
हो वो पूरी कभी, नहीं है हमसफ़र ऐसा
सुनकर बदल जाऊं मैं बाते जिसकी
नहीं है बातों में उसकी असर उतना

• • •

यूं ही कब तक चूता रहेगा सब कुछ
कहीं कभी तो धार बहेगी जरूर
जिंदगी मेरा इम्तहान लेगी कब तक,
कभी तो नतीजा निकलेगा मेरा जरूर

• • •

एक बार भी न ली कभी, जिसने खबर मेरी
दिन रात गुनगुनाता है ग़ज़लें वो ही मेरी
भूला हुआ बैठा था मुझे जो एक जमाने से
मुझको बरामद कर रहा है ग़ज़लों से मेरी

• • •

फिसल गई रातें कई, कभी बंधी मुट्ठी से
तो खुली हथेली पर कभी, सूरज नहीं ठहरा
जिसका भी हाथ लिया मैंने हाथों में अपने
वो हाथ मिलाकर कभी दो कदम नहीं ठहरा

आदत हो गई है खुशियों को
अब सपनों में आने की
हकीकत का दामन छोड़कर
साथ झूठ का देने की

• • •

मौत तू क्या मात देगी मुझे
ये जिंदगी जहर देने लगी है
तन्हाई दर्द क्या देगी मुझे
तेरी मौजूदगी ही चुभने लगा है

• • •

सांसों में हर पल, जिक्र रहता है उसका
पर नाम जुबां तक आता नहीं
एक याद ही है जो मिलती है मुझको
वरना मुझे कुछ कोई मिलता नहीं

• • •

दिल चाहता है फिर तुमसे बात करूं
जो रिश्ता टूट गया, फिर उसे इजाद करूं
जो रहा हर पल सांसों में मेरी
क्यों न फिर उसी से इरशाद करूं।

• • •

देखने तक तो ठीक था, किताब में सूखे फूल को
पर आंख बंद करके वो उसे सूंघता क्या है
सीने से उसको लगाकर चूमना तक तो ठीक था
पर फेर कर उंगलियों को अपनी वो उसमें ढूंढता क्या है

कहने को तो हम बहुत बोलते हैं
फिर तुम्हारे आगे क्यों इतना सोचते हैं
कहने को तो बहुत कुछ है मगर
फिर क्यों कहने का बहाना खोजते हैं

• • •

कैसे मैं ले चलूं, तुम्हें जिंदगी में अपनी
पहले से ही वहां कई सवाल रहते हैं
तुमको कैसे दूं इजाजत साथ रहने की
खुद का साथ पाने को अभी हम तरसते हैं।

• • •

मेरे खुदा मुझसे तू मेरी अक्ल छीन ले
सोचने समझने का एक जरिया भी छीन ले
न एहसास कुछ होगा न असर ही कुछ होगा
अफसोस हो कुछ इससे कि पहले होश छीन ले

• • •

छेड़कर मुझको क्यों, आफत मोल लेते हो
गर हिल गया तो फिर कहोगे, बाढ़ आ गई
हो भले मजे-मजे में, बातें ये सब तुम्हारी
फिर ना कहना बातों-बातों में, यूं ही रात हो गई

• • •

जहां महकती थी सांसें मेरी, तुम्हारे पास आने से
वहीं किसी कोने में मेरा अब दम घुटता है
जिन बातों को कहकर, हलका हो जाता था दिल
आज उन्हीं बातों पर, दिल घंटों तक रोता है

आग   तो   आग   है
उसने लगाई या मैंने लगाई
वो जलता रहा मैं पिघलता रहा
न उसने बुझाई न मैंने बुझाई

• • •

वक्त गुजरने में भी थोड़ा वक्त तो लगता है
भूले हुए को भुलाने में दिल भी तो दुखता है
बात नयी हो या हो पुरानी असर तो करती है
अपनों से नाराज होने में वक्त तो लगता है

• • •

सीने में अपनी सांस को खुद रोका नहीं जाता
हर छोटी-सी बात पर रोया नहीं जाता
है इन्तजार कब से कि अब कुछ और भी टूटे
हर बार टूटे दिल से फिर टूटा नहीं जाता

• • •

कोसने पर उसके, अब दर्द नहीं होता
तन्हा रहने का भी कोई इल्म नहीं होता
आते जाते सुना जाते हैं सब मुझको मेरा हाल
कहने वालों का कुछ अपना खर्च नहीं होता

• • •

जिनको मैंने अपना समझा, निकले वो बेगाने हैं
साथ न दे पाने के सबके, अपने-अपने बहाने हैं
जब भी मेरा हाल सुना, कहते हैं हम मुरझाएं हैं
पर देखा है चुपके-चुपके वो लाख बार मुस्काएं हैं

हमको थी कभी जिससे मोहब्बत
उसको ही मोहब्बत हमसे न हुई
जिसको थी सदा हमसे शिकायत
उसकी ही शिकायत हमसे न हुई

•••

जिंदगी क्या है तबाही के सिवा
हाथ क्या आया सियाही के सिवा
गुजार दी जिंदगी कागजों में हमने
हुआ न कोई भी हाशिये के सिवा

•••

तन्हा जो रहा है, वही बदनाम हुआ है
अच्छों के ही खिलाफ, ये ज़माना हुआ है
दिल तोड़ने वालों की यहां खबर नहीं मिलती
टूटे हुए दिल वालों का ही चर्चा हुआ है

•••

आज बिछड़ेंगे तो न जाने कल कहां होंगे
किसकी आंखों में न जाने किसके आंसू होंगे
जी भरके देख लो, आज मुझको यारों
कल की महफिल में न ये नजारें होंगे

•••

मजाक हूं उनके लिए तो कभी हंसने की वजह हूं
सबके मन को बहलाने की एक अच्छी दवा हूं
हो जाती है बरदाश्त, जो नहीं होती सहन
सबको मनाने के लिए एक झूठी अदा हूं

वो इतना सीधा है कि जब भी मिलता है
मुझे उलझन में छोड़ जाता है
न जाने कितने छुपा रखे हैं फसाने उसने
जब भी पूछो तो वो हंस के टाल जाता है

• • •

सगे से गैर हो गए, हम अपनों के लिए
जानें क्या-क्या सह गए, हम अपनों के लिए
क्या कहेंगे दूसरे जब उनको खबर होगी
कि दूसरे हम हो गए, आज अपनों के लिए

• • •

खामोशी कह रही थी, ये आवाज़ उसकी थी
सुगंध कह रही थी ये नमाज उसकी थी
इतना किया उसने अब तक मेरा इंतजार
तन्हाई कह रही थी ये थकान उसकी थी

• • •

उम्मीद थी वो रोएगा मेरी बातों को सोचकर
खुद को घंटों देखेगा, आइने के सामने बैठकर
तलाशेगा अलफाज मेरे आंसुओं में अपने
जोड़ेगा रिश्ता कहीं भी, जब मुझसे नाता तोड़कर

• • •

रुकी हुई यादें सफ़र करती हैं आज भी
बरसों पुरानी बात असर करती हैं आज भी
तोड़ा था बेरहमी से जिसने मेरे दिल को
संभाल कर रखा है उसको, इस दिल ने आज भी

यूं तो खुश हूं हर पल मैं लेकिन
इस खुशी का कोई जिक्र नहीं है
तुमसे बातों की वजह है क्या
मुझे खुद इसकी कोई खबर नहीं है

• • •

टूटे हुए को आज भी टटोलती है वो
खुद को पुराने सांचे में, फिर ढालती है वो
वक्त नहीं जब काट पाता उसको आधा-आधा
तो वक्त को बीते लम्हों से टालती है वो

• • •

अंदाज क्या बदला उसका, चेहरा बदल गया
चंद अलफाजों में उसका, नकाब उतर गया
क्या-क्या छुपा रखा था उसने अपनी बनावट में
छोटी-सी जुस्तजू में वो, सब कुछ उभर गया

• • •

कभी चैन से बैठूंगा मैं, राहत की सांस लूंगा मैं
उस चैन को जुटाने में, व्यस्त और भी होता गया
मुड़कर नहीं देखूंगा मैं, न दुखती रग छेड़ूंगा मैं
घाव को भरने में मैं, हरा और भी करता गया

• • •

वो जितना भी कहता है सब झूठ-झूठ लगता है
वाकिफ हूं आदत से उसकी, फिर भी दिल दुखता है
दुहराता है उस बात को, जिस बात पे दिल रोता है
खता नहीं उसकी मेरी है, जो उस पर दिल अटका है

वो मनाएं हम ना मानें
इतने भी शिकवे न थे
मनाने में ही दम नहीं था
इतने रूठे हम न थे

• • •

तारीखों में कैद वक्त मेरा
किस्तों में कैद खुशियां मेरी
नपी-तुली सी जिंदगी में
बंधी-बंधाई किस्मत मेरी

• • •

दीवारों से घर बनता है
बशर्ते, दीवारें चारों तरफ हों
अंबर भी कदम चूमता है
बशर्ते, कदम धरती पर हों

• • •

वजह भी थी और बहाने भी
उम्मीद भी थी और शिकायत भी
रिश्ता ही था कुछ उनसे ऐसा
नफरत भी थी और रियायत भी

• • •

एक शख्स जिसके बारे में कलम लिख न सकी
वो एक नाम जिसका जुबान कभी ले न सकी
वो एक ख्वाहिश, जो दब के दब न सकी
वो एक आदत जो मिट के कभी मिट न सकी

तुझको गलत साबित करूं
अच्छा है खुद को कोस लूं
तू है नतीजा मेरी जुस्तुजू का
फिर तुझको ही क्यों दोष दूं

• • •

तू भी खफा है, ये दुनिया भी खफा है
मेरा दिल मेरे खुद, जेहन से खफा है
इस टूटे हुए दिल की, हालत न पूछो
न हंसते बना है न रोते बना है।

• • •

उसके मजाक को हम सच मान बैठे
आंख के पानी को हम आंसू मान बैठे
थी अदा उसकी ही कुछ बोलने की ऐसी
हर अधूरी बात को हम पूरी मान बैठे

• • •

आधी अधूरी बात भी, पूरी लगेगी उस दिन
रोकर उठोगे देखना, मेरी कब्र से जिस दिन
दिखने लगेगा आईने में, तुम्हें मेरा भी चेहरा
जी खोलकर खुद से करोगे बातें भी जिस दिन।

• • •

खाली है गुलदान फिर भी सजा के रखा है
किसके लिए उसने खुद को छोड़ रखा है
लगता है कोई कर गया है, आने का वादा
जिसके भरोसे उसने खुद को जोड़ रखा है

कुछ किताबों से चला गया
तो कुछ किताबों में ही रह गया
सीधा-साधा सा आदमी
अब सुनने को ही रह गया।

* * *

लोग बहुत अजीब हैं लोगों से बचना
करीब रहने वालों की नजदीकी से बचना
कोई हमारे लिए लोग है
कहीं हम किसी के लिए लोग हैं
हो सके तो खुद भी अपने आपसे बचना

* * *

जुस्तजू में उनकी हम आधे हो गए
बचे-खुचे जुदाई में हम पूरे हो गए
आती है तो आए मौत, निभाते अपना दस्तूर
मौत के होने से पहले हम उनके हो गए

* * *

बरसों छुपा के रक्खा मैंने अपने आपको
बदनामियां मेरी मुझे, पर ढूंढ़ ही लाईं
सीने में धड़कने ही मेरा एक सुराग थीं
गुस्ताखियां सांसो की मेरी, बवाल ले आईं

* * *

बिखरे हुए को ढूंढेगी, एक दिन यही दुनिया
मेरा पता भी मांगेगी, ये खोई हुई दुनिया
सुनी नहीं आवाज जिसने, चिल्लाने की मेरी
चीख-चीख के पुकारेगी, ये सिमटी हुई दुनिया

दर्द भी वही है और दवा भी है वही
रस्ता भी वही है, मंजिल भी है वही
शिकायत करूं क्या, कहां रपट लिखाऊं
मुजरिम भी वही है, दरोगा भी है वही

•••

एक वो हैं जो गा लेते हैं, दर्द को तरन्नुम में
एक हम हैं जिसे ठीक से, हकलाना नहीं आता
मिलती हैं दाद-तालियां उनको सभी जगह
और हम हैं जिसे ठीक से बिस्मिला नहीं आता

•••

सर चढ़ा रखा था जिसको, उसने ही मुंह दिखाया
उंगली थामने वाले ने ही अपना हाथ उठाया
सींचा था जिसको बीज से मैंने फूल तक
उसी ने अपनी डाल पर, हर शूल उगाया

•••

जाहिर नहीं होने दी मैंने नाराजगी अपनी
वरना न जाने वो मुझसे कितने सवाल पूछता
खुलती न जाने कौन-सी फिर बातें कब-कब की
न चाहते हुए भी दिल, फिर बार-बार दुखता

•••

झूठ बोलने से अच्छा है, बात छुपाना सीख लो
मैंने हंसना सीख लिया है, तुम भी हंसना सीख लो
मत अटको तुम एक बात पर, बात नहीं रुक पाएगी
मैंने पूछना छोड़ दिया है, तुम बात टालना सीख लो

तुझको तेरी जात मुबारक
मुझको मेरा हाल गंवारा
छूटने दे जो छूट रहा है
नहीं चाहिए साथ-सहारा

• • •

सोचने से मिलता नहीं कुछ
ये रात भर मैंने सोचकर सीखा
सच बोलने से मिलता नहीं कुछ
ये राज मैंने झूठ बोलकर सीखा

• • •

अजीब-सी नाराजगी थी कुछ उनसे ही मेरी
नाराज भी हूं उनसे मैं ये कहते नहीं बना
दुख न जाए उसका दिल शिकायत से मेरी
इस खौफ से मुझे हाल अपना कहते नहीं बना

• • •

देखे हुए को काश मैं, अनदेखा कर सकूं
जाने हुए को काश मैं अनजाना कर सकूं
दुखा रहा है जानकर जो फिर से दिल मेरा
काश! मैं इस बार उससे नाराज हो सकूं

• • •

कब-कब की पूछ बैठा, वो एक सवाल में
लम्हों से मुझको बुन गया वो एक सवाल में
बात पुरानी थी मगर, फिर भी असर करी
पत्थर सा मुझको कर गया, वो एक ख़याल में

कोई हो तो कहीं जो उन्हें मना ले
जो करना सकी वो कर के दिखा दें
पूछता है   हर पल   मन मेरा
कैसे हैं   वहां वो   मुझे बता   दे

• • •

मजाक अपनों से किया जाता है
इसलिए वो आज तक मजाक करते रहे
दिल कोई अपना ही दुखाता है
यही सोचकर हम उन्हें अपना समझते रहे

• • •

ये कौन छोड़ गया कमरे में आवाज अपनी
कि मुझसे कोई हरदम बात करता है
निशान तक नहीं है यहां पर किसी का
फिर कौन है जो साथ मेरे सांस लेता है

• • •

मोहब्बत भी आपने की, दी इज्जत भी आपने
तमाशा भी आपने बनाया, की नफ़रत भी आपने
इल्जाम भी आपका था और जुस्तजू भी आपकी
रिश्ता भी आपने बनाया और तोड़ा भी आपने

• • •

पढ़ लिया पूरा मुझे तो, कुछ नया नहीं लिख पाओगे
खुद के गम को मेरे गम में पहले से ही पाओगे
सच सुनने की आदत तुम्हारी हो भले लेकिन
सच लिखने की कोशिश में तुम, कुछ नहीं लिख पाओगे

कौन-सी बात किसकी चुभी
कौन सा दर्द किसने दिया
कैसे बताऊं मैं तुम्हें
कैसे-कैसे खुद को सिया

● ● ●

क्यों खलता है तुमको मेरा यूं ऐसे रहना,
क्यों चाहते हो मेरे बदले का दुःख सहना
क्यों वो सन्नाटा तुम्हें सुनाई दे जाता है,
दर्द है मेरा पर घाव तुम्हें क्यों लग जाता है

● ● ●

क्यूं मैं रोकूं उनको चलते-चलते,
होगा उनका कहीं, जहां उनको पहुंचना होगा
सबकी होती नहीं, किस्मत हमारे जैसी,
उनकी राहों में कोई, सदा साथ रहा होगा।

● ● ●

जिंदगी के हर मोड़ पर अनेक 'क्यों' हैं
कुछ पेट के, तो कुछ दिल के 'क्यों' हैं
दौड़ता रहता है आदमी, ठहरने के लिए
बोता है दुख और पूछता है दर्द क्यों है

● ● ●

शब्दकोश की तरह है मेरा यह जीवन
सबके लिए होता है पर किसी का नहीं होता
कौन-सी किताब इससे होकर नहीं गुजरती
होता है चर्चा किताब का और इसका नहीं होता

न नाम ही लिखूंगा, न तखल्लुस लगाऊंगा
दर्द से ही अपने मैं, पहचाना जाऊंगा
होगा असर इतना मेरी बातों में देखना
मरने के बाद भी तुम्हें मैं याद आऊंगा

●●●

कुछ कर सको मेरे लिए तो इतना जरूर करना
मेरे ही रोने में मेरी तुम मदद जरूर करना
करते आए हो तारीफ जिन आंखों की मेरी
उन आंखों की ख्वाहिश को तुम पूरा जरूर करना

●●●

घर-घर खेलना और घर बसाना अलग बात है
मिट्टी से खेलना और बर्तन बनाना अलग बात है
कभी हाथ सनते हैं तो कभी पसीना टपकता है
जन्म लेना और जीकर दिखाना अलग बात है

●●●

कौन है जो स्याही बनकर
चिपका हुआ है कलम से
और राग बनकर जिसको अभी तक
किसी पहर ने नहीं गाया
कौन है जो उलझा हुआ है
बालों में उंगलियों की तरह
और बोलने के बाद भी
कुछ कह नहीं पाया

• • •

एक ही मुद्दे को, फिर उठाकर देखा
एक ही बात को, कई बार दुहरा कर देखा
हल भी वही है और हाल भी वही
कहना हमने   मानकर भी देखा
बातों को सारी   भुलाकर भी देखा
तकलीफ भी वही है और जरूरत भी वही

• • •

लोग कहते हैं हमें लिखना नहीं आता
ग़ज़ल उठाने का, अंदाज़ नहीं आता
दर्द तो बस दर्द है, हमें उसे सजाना नहीं आता
माना कि दर्द कहना भी होती है एक कला
हूँ नहीं कलाकार मैं, मुझे अभिनय नहीं आता
दर्द तो बस दर्द है, हमें उसे सजाना नहीं आता

• • •

जब सोच सोच कर बोलता है,
लगता है वो कुछ छुपा रहा है
और बिना रुके जब बोलता है
लगता है मुझको चला रहा है
हमारी ही दरख्वास्त थी
कि तोलकर बोला करो
पर तोलकर जब बोलता है
लगता है मुझको रिझा रहा है

• • •

तू भी औरों जैसा निकला
बाहर से कुछ अंदर से कुछ निकला
बड़ी-बड़ी थी बातें तेरी,
बातों में थी कसमें तेरी
उन झूठी कसमों में तू
खुद कितना खाली निकला
तू भी औरों जैसा निकला

• • •

कोई सुखी हो तो दुख उसको सुनाया जाए
दुखी आदमी दुख सुनता कहां है
सच तो यह है कोई सुखी होता कहां है।
जब बात अधूरी हो तो दर्द देती है
पूरी बातों का दर्द होता कहां है
सच तो यह है कोई पूरा मिलता कहां हैं।

• • •

वो जानता था उसके बिना, हाल क्या होगा मेरा
यह जानकर भी उसने मुझे इस हाल में छोड़ा
चटके हुए इस दिल को उसने कई हिस्सों में तोड़ा

• • •

बहलाए रखा   खुद को   अब तक
उलझाए रखा   खुद को   अब तक
बातें सारी उलझ गईं बातें बनाना सीखा जब तक

$\bullet\ \bullet\ \bullet$

आता नहीं तरस कभी, तुझे तड़पता देखकर
हो सकता है, इस बहाने से, तेरी आंख खुल जाए
अच्छा हो, अगर हाल तेरा, मेरे हाल से मिल जाए

$\bullet\ \bullet\ \bullet$

हंसने की कोशिशों ने, रोना सिखा दिया
कहने की कोशिशों ने, सहना सिखा दिया
छोटी- छोटी बातों ने बड़ा होना सिखा दिया

$\bullet\ \bullet\ \bullet$

मैं तुम्हारी पसंद हूं सही है, तुम मेरी पसंद बनोगे
ये जरूरी तो नहीं है साथ हम रहते हैं सही है
पर कभी हमसफर बनेंगे, ये जरूरी तो नहीं है

$\bullet\ \bullet\ \bullet$

रोते हुए हम खुश थे, कि दर्द हल्का हो जाएगा
दिल में जो है रुका हुआ, आंखों से बह जाएगा
क्या खबर थी बहकर भी, कुछ भी खिसक नहीं पाएंगा

$\bullet\ \bullet\ \bullet$

खो जाती हैं आंखें पढ़कर, तेरे घावों, को यूं सुनकर
लिखा ही है, तूने कुछ ऐसे, कि मुझे सहारा मिल जाता है
आकर तेरे पास मुझे न जाने क्या क्या मिल जाता है

मैं भी पीली पड़ गई, पीली धूप के साथ
पीली सरसों उतर गई, गुजर गई बरसात
इंतजार में तेरे जीवन, बन के रह गया प्यास

• • •

वो एक पत्ता डाल से जो जुड़ा रह गया
उम्मीद से खुद पेड़ सारा बंधा रह गया
डूबते को तिनके का ही सहारा रह गया

• • •

यूं ही सहते रहते तो ही ठीक था
उनको बता कर हमने तो एहसान ले लिया
बिना गुनाह के सर पर इल्जाम ले लिया

• • •

साथ-साथ चलते-चलते, तू दे गया दगा
अपना-अपना कहते-कहते, तू हो गया जुदा
कोई और ही है, जिंदगी में तेरे, क्यों मुझसे नहीं कहा

• • •

पहली है ये मुलाकात हमारी, शब्दों के जरिए है यारी
पढ़कर तेरे, इन शेरों को, क्यों, आंखों में कुछ आ जाता है
कैसे कहूं, क्या हो जाता है, तेरी सुनकर दिल खो जाता है

• • •

हर कोई अपने में है गुंथा, जाने न किसी की, कोई मौन व्यथा
इल्जाम दिए सब जाते है, जीवन को अभिनय बताते हैं
और कहते है, तुम्हारी थी हर खता, तुम्ही थे जिम्मेदार सदा

तुम कुछ पढ़ते नहीं, मेरा लिखा हुआ
अगर पढ़ते हो, तो समझते नहीं, मेरा कहा हुआ
अब लिखना ही बेकार है, कुछ मेरा सहा हुआ

•   •   •

तुम चल सको तो चलो, मेरी तन्हाइयों के साथ
तुम जान सको तो जान लो, मेरी खामोशियों के राज
कहना कुछ गंवारा नहीं, इतने इल्ज़ामों के बाद

•   •   •

मिल कर सब कहते हैं अपना, कुछ ऐसी जग की रीत है
भूल जाते हैं सब बिछड़कर, न जाने ये कैसी प्रीत है
करता रहता हूं खुद से मैं बाते, ये तन्हाई मेरा ही गीत है

•   •   •

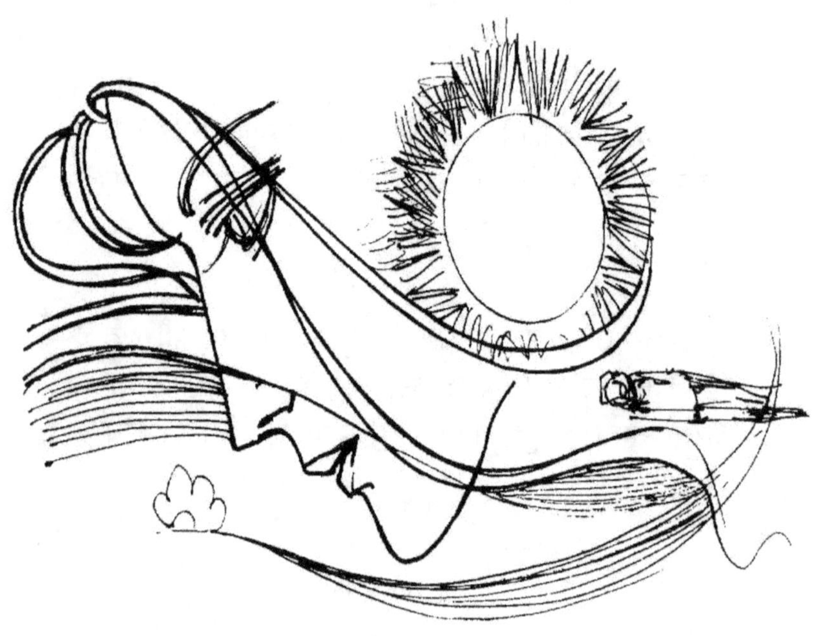

कभी ग़ज़ल, कभी कविता, तो कभी रूबाइयां
न जाने किस-किस में कैद है मेरी तन्हाइयां

• • •

महफिलों में लोगों को हंसने के बहाने कई मिले
आंखों के मेरे हादसे मुझे सबके होंठों पर मिले

• • •

जिसने मुड़कर पूछा नहीं, क्यों उसका इंतजार है
रिश्ता कभी जो रहा नहीं, क्यों उस पर एतबार है

• • •

था नहीं जब कुछ होंठों पर, मेरी आंखों में कुछ बात थी
शायद मेरी जिंदगी की, वो पहली मुलाकात थी

• • •

वो साथ मेरे बैठा हुआ था, पर किसी और के करीब था
वो अपना-सा लगने वाला, किसी और का ही नसीब था

• • •

क्यों चाहते हो इस उम्र को, इंतजार मैं अपना बना लूं
क्यों चाहते हो एक फैंसले को, मैं फांसला अपना बना लूं

• • •

वो दर्द मेरा सुनते-सुनते, यादों में अपनी खोने लगे
वो दिल की बात कहते-कहते आंखों से अपनी बहने लगे

• • •

हारूंगा गर मैं तो शायद, वो जीत पाएगा
सच भी क्या वो भी कभी, ये जान पाएगा

• • •

कहता नहीं तो क्या हुआ, दिल ये दर्द सहता तो है
बहता नहीं तो क्या हुआ, जल आंख में रहता तो है

• • •

कितना अंतर सा हुआ, वो मेरा, मेरा नहीं हुआ
उसने कुछ ऐसे कहा, कि रिश्ता-रिश्ता नहीं रहा

• • •

ये हवा मेरी नहीं तो क्या, एक सांस मुझे लेने तो दो
ये राह मेरी नहीं तो क्या, एक आस बंधी रहने तो दो

• • •

कितने दिन में कैसे भूलेंगी, ये बात सताती है
साथ तेरा ही था कुछ ऐसा, जो याद जुबानी है

• • •

जीने में वो बात नहीं थी, जो बात थी तुझ पर मरने में
कांधे पे वो शाम नहीं थी, जो शाम थी तेरी सुरमे में

• • •

तुम मेरे कुछ भी नहीं, फिर भूलने की कोशिशें क्यों
साथ कभी हम रहे नहीं, फिर अलग होने की कोशिशें क्यों

• • •

इतने करीब होकर, वो दूर रुका है
अब रिश्ता मेरा, कुछ शर्तों पर टिका है

•••

देख ले गर तू मुझे, तो एक पल में टूट बैठेगा तू
कैसी होती है जुदाई, एक पल में जान लेगा तू

•••

वो शाम की कह कर गए थे, सुबह तक न आए
और याद है कुछ उनकी ऐसी जो आकर फिर न जाए

•••

चेहरे पर नहीं वो भाव था, आंखों में नहीं कुछ खास था
तू भी आखिर वो नहीं, मुझे जिसका इंतजार था

•••

आंखों से मैं क्यों बहता हूं, क्या कह दूं, मैं जो कुछ सहता हूं
धीरे चलने की कोशिश में, क्यों भागा-भागा सा रहता हूं

•••

खुद अपना साथ छोड़ना पड़ा, तब उसका साथ छूटा
साथ छोड़ने पर मालूम पड़ा, सब कुछ था हमारे बीच झूठा

•••

वो आंखों को मेरी पढ़ने लगे हैं, जख्मों को हरे करने लगे हैं
दबे-दबे इन होठों पर, किस्से नए उठने लगे हैं

••••

जुबां मेरी क्यों हो गई है बेजुबां
कहूं कुछ तुमसे, अब ये हाल कहां

•••

वो इतने करीब रहकर, दूर रहा भी
मुझसे दिल लगाकर, दिल तोड़ गया भी

•••

मेरे रोने का भी उन पर, कोई असर होता
अगर आंखों में उनके, कोई रुका होता

•••

अपना कहकर सब भूल गए, यही बात सताती है
और न जाने किन बहानों में, मुझे उम्र बितानी है

•••

कोई एक बार आ के कह दे, कि उनका हाल कैसा है
जिनको हम रोज पढ़ते हैं, उनका ख्याल कैसा है

•••

ये कांच के से रिश्ते कहीं, दिल में मेरे चुभने लगे हैं
एक चोट में ही मुझको कई, चहरे नए दिखने लगे हैं

•••

आंसुओं ने शामिल कर लिया है, कल मौत भी दस्तक दे ही देगी
जिंदगी जो मुझे पहचानती है, कल वो भी दलील दे ही देगी

•••

कैसे कह दूं, वो क्यों हंसते हैं
हंसते-हंसते क्यों रो उठते हैं

•••

तुम्हारे आने का इंतजार था
आ गए हो, तो संभलने का डर है मुझे

•••

लगता है डर, जिंदगी में आने से तेरी
बन ही ना जाए तू ही कहीं, जिंदगी मेरी

•••

सपने सच हो जाएं तो, फिर सपनों का क्या हो
हंस के वो गर अपना कह जाएं, तो मेरे रोने का क्या हो

•••

क्या करेंगे हम जुबां से, अब दर्द ए बयां सुनके
सुना है आंख से वो अपनी, अब कहता ही बहुत है

•••

अब तो तुम आ सकते हो, देखने हालत मेरी
हूं कफन में मैं दफन, ले लो चाहे तलाशी मेरी

•••

क्या मिला मुझे याद रखकर, मुझे भूलने वाले
दिल से मुझे दिल में बसाकर, दिल तोड़ने वाले

•••

बैठे रहे तुम पास मेरे, मेरी तन्हाई के डर से
कभी तन्हाई को पास मेरे, बांटकर देखा होता

●●●

क्या बात थी जिस बात का, मुझको नहीं था गम
जिंदा हूं इन हालातों में भी, क्या यह नहीं था कम

●●●

वो जानता था दिल दुखेगा किस बात पर उसकी
ये जानकर भी उसने वो, हर एक बात दुहराई

●●●

मैं भी हूं जिंदगी में तुम्हारे, क्यों याद दिलाना पड़ता है
बातों में तुमको उलझाकर, क्यों साथ मांगना पड़ता है

●●●

पुकार लेगा पीछे से वो, इसलिए चाल धीरे करी
मुड़कर देखता रहेगा वो, इसलिए बात आधी करी

●●●

होंठों पे फसाने रखकर, आंखों में जमाना ढूंढते हैं
एक घूंट में ही वो सारा, नीला समंदर ढूंढते हैं

●●●

सोचा था हंसते हैं साथ में हम, तो दुःख भी बांट लेंगे हम
पर दर्द अकेले सहना पड़ेगा, यह कभी सोचा न था

●●●

जब कहता है तू मुझको अपना
तो रहती है, मुझे उम्मीद तेरी

• • •

जब भी कहीं कोई मेरे साथ होता है
मुझको मेरी तन्हाई का एहसास होता है

• • •

तेरी याद ही कम कर सकती है दूरी तेरी
बात नहीं हो सकती है, कभी पूरी मेरी

• • •

क्यों पूछते हो बार-बार कि जाऊं या रुकूं
कौन सा तुम रुक जाओगे, अगर रुकने को मैं कहूं

• • •

वो आता होगा, पीछे से मेरे, और करेगा आंख बंद मेरी
जब पूछेगा कौन हूं मैं, तो मैं कहूंगी, सांस मेरी

• • •

तुम्हारी हां का इंतजार था, वो ना में बदल गई
तुम्हारे इस एक फैसले से, मेरी जिंदगी ही बदल गई

• • •

पता था कभी, मिल न पाएंगे हम, कभी एक नहीं हो पाएंगे हम
पर इस तरह होगें जुदा,   ये कभी सोचा न था

• • •

चलती बसों में रुकी सी हो गई है
जिंदगी मेरी कुछ कागजी हो गई है

• • •

प्यार है बीच में हमारे, ऐसा न जाने मुझे क्यों लगा
तुम हो मेरे, हम हैं तुम्हारे, ये वहम न जाने क्यों रहा

• • •

कुछ बूंदें आंखों से क्या गिरी, ये हवा ही गाली हो गई
जीने की मोहलत क्या मिली, कि किस्मत को शिकायत हो गई

• • •

याद तुम्हारी आती नहीं, पर भूला हो दिल कभी हुआ नहीं
जागे ना हो पूरी रात भले, पर आंखों को चैन भी मिला नहीं

• • •

हम यादों के सहारे जीते रहे, सोचकर कि यादें, यादें नहीं
जुदाई में तेरी जलते रहे, समझकर कि जलना, बुझना नहीं

• • •

वो छूकर अपने हाथों से मुझको, किसी और को ही ढूंढते हैं
नाम मेरा अपनी जुबां पर रख के, किसी और का हाल पूछते हैं

• • •

याद रखे या ना तू मुझको, पर भूलूंगा नहीं, कुछ ऐसा कह जा
होंठों से इच्छा हो ना हो, पर आंखों से तू अपना कह जा

• • •

क्यों समझूं मैं उनको, उनके जैसा
क्यों ना समझे वो, मुझको मेरे जैसा

•••

वो अक्सर हमसे नाराज रहते हैं
लगता है हम उनके दिल में रहते हैं

•••

तुम कुछ पूछो मुझे, क्यों इसका इंतजार है
पूछने पर इंकार करूं, क्यों इसमें मुझे करार है

•••

क्या चला जाएगा तुम्हारा, एक बार मुझको देखकर
कौन है जो फिर कहेगा, तुमसे ऐसे टूटकर

•••

तुम्हारे फैंसले ही अब हमारे, फांसले हैं, मैं क्या जवाब दूं
तुम्हारी माफियों के, अपने काफिले हैं, मैं क्या हिसाब दूं

•••

दुख बांटने की कोशिश, ने मुझे चैन से जीने न दिया
मेरी ही बेखुदी ने मुझे,   कभी होश में आने न दिया

•••

पीछे हंसने वाले बहुत थे, कोई साथ में हंसने वाला नहीं
आंसू देने वाले बहुत थे, कोई आंसू पौंछने वाला नहीं

•••

होगा नहीं उन्हें मेरे दिल पर एतबार
वरना वो एक मौका देते मुझे जरूर

• • •

जड़ें अब बची नहीं, पत्तों पे पानी यूं न डालो
क्यों बीच में कुछ बचा नहीं, ये पूछकर ताना न मारो

• • •

ताजा-ताजा घाव है, सांस लेने का एहसास है
उखड़ी हुई इस जिंदगी को, अपनी जड़ों पर नाज है

• • •

हजार आंसू गिरवी रखकर, एक हंसी उधार में ली है
दर्ज कराके पूरी जिंदगी, एक घूंट की सांस भरी है

• • •

कोई मिलकर बिछड़ जाता, तो उसकी यादों में जी लेते
मिला नहीं जो आज तक, क्या उसकी याद में जीना

• • •

आंख उठाकर किसको देखूं, कौन-सी वो मिल जाती है
साथ मेरे जो रहती है सदा, वो उम्मीद-उम्मीद रह जाती है

• • •

सबसे खुलकर बात करी है, पर दिल में किसी की जगह नहीं है
तुमसे बातों की वजह है क्या, मुझको खुद इसकी कोई खबर नहीं है

• • •

मुझे घूंट-घूंट था जो पी रहा
मेरी सांस बन के था जी रहा

• • •

थी तमन्ना साथ तेरे, चलने की दूर तक
पर पास तक मुझे, मेरी परछाई ही मिली

• • •

जान मुझमें थी कहां, जो अब जान जाएगी
जिंदगी भी ये हकीकत, अब जान जाएगी

• • •

बात छुपाने की, कह जाती है शराब
महफिल से उठकर, तन्हाई में ले जाती है शराब

• • •

थूकती इस जिंदगी को, रेगिस्तान में गीला देखा
दर्द के समंदर में,   राख को सीला देखा

• • •

खुद को ढूंढ के लाऊंगा मैं खुद को कहीं से
खुदा करे मुझे, खुद को मिलने की उम्मीद रहे

• • •

जब मिलूंगा खुद से मैं, तब पूछूंगा खुद हाल मेरा
पर तुम ना पूछो बार-बार, राज मुझमें क्या है गहरा

• • •

करते आए हैं, हम सब पर भरोसा
कोई हो तो कहीं, जो करके देखे ऐसा

• • •

कोशिशों का मेरी, कोई हल नज़र नहीं आता
क्यों हरकतों का तेरी, कोई असर नहीं जाता

• • •

मत मनाओ तुम मुझे, ये खताएं फिर और होंगी
पूछ-पूछ कर मत चलो, दिल को उम्मीदें और होंगी

• • •

आज अपना ख्याल आया, तो मन में कई सवाल लाया
इस गली से उस मोड़ की, दिल छान कर नई खबर लाया

• • •

सांसों का चलना ही, गर जिंदा रहना है, तो जिंदा मैं भी हूं
होती अगर कोई और बात तो, जरा कहना मुश्किल था

• • •

चाहकर भी वो जुदा ना हुआ, नशा मुझे कुछ ऐसा हुआ
कहने को तो दिल बहुत दुःखा, पर नशा मेरा दुगुना ही हुआ

• • •

ऐसा नहीं कि खुश हूं मैं, इस दिल का कहना मानकर
पर दिल ही था, ये दिल ही है, जो उनसे कहीं उलझा हुआ था

• • •

शुक्र है देखा नहीं तेरा चेहरा आज तक
चर्चा ही बहुत है तेरा मेरे, होश उड़ाने को

• • •

चर्चा नहीं किया, तेरे नाम का कभी
पर लोग हैं कि जानते हैं, कि तू मेरा ख्याल है

• • •

खिलते हैं फूल डाल पर, जड़ पर नहीं खिलते
जो सींचते हैं फूल को, उन्हें भंवरे नहीं मिलते

• • •

मेरा यार गुजर गया, चौखट पर पांव रख के
आंख तकती रह गई, देख प्यार को बिछड़ते

• • •

चेहरे को वो चांद कहते हैं जुल्फों को कहते हैं रात
और इस पर मैं मुस्कुरा दूं, तो कहते हैं कायनात

• • •

तुम अपनी गलती मानते हो, क्या मेरी हालत भी जानते हो
जो कह दिया तुमने, एक पल में, क्या उसका अर्थ भी जानते हो

• • •

क्या कहकर वो दिल में रहा, और क्या कहकर वो चला गया
सपने दिखाने वाला मुझको, मेरे सपने तोड़कर चला गया

• • •

एक मौत ही ना उतरी, सब कुछ उतर गया
मेरे ही जिस्म से मेरा, हर रंग खुरच गया।

• • •

डूब जाने दो शब्दों को, इन गीली आंखों में
एक दिन वो भी उभरकर, किनारे पर आएंगे

• • •

आए नहीं कब से आंसू मेरी आंखों में
व्यस्त हैं वो भी शायद, पुरानों को दफनाने में

• • •

दर्द भी ऐसा दिया, जो मुझे कहीं कहा न गया
जख्म भी ऐसा दिया, जो वक्त से भरा न गया

• • •

तुम अकेले तो नहीं, टूटे हुए इन बिखरे पलों में
मैं भी तुम्हारे साथ हूं, रूठे हुए बिछड़े सिलों में

• • •

सुख का कोई जरिया नहीं, दुख के हैं भंडार
इन दोनों के बीच में, दिल पिसता है लाखों बार

• • •

शब्दों की भाषा समझने वालों, तुम क्या समझो खामोशी को
बहते जल को पीने वालों, तुम क्या जानो गहराई को

• • •

छोड़ चली है सब बूंदें, इन आंखों का साथ
पहुंच गई है बिना बुलाए, देने यादों का साथ

•••

जहां-जहां भी जिंदगी गई, सवालों से ही घिर गई
अब कहीं भी नहीं गई, तो खुद में सवाल बन गई

•••

जिंदगी में क्या करूं, मुझको नहीं कोई इसकी खबर
घेर लेती है पल-पल मुझे, उम्र भर की यह उदासी

•••

कैसे कहूं क्या कहना है, इस बात का ही तो रोना है
कहने से होता है क्या, जब मुझको ही सब सहना है

•••

वो तुम्हारे प्यार का ढंग था, जो मुझे दर्द दे गया
और ये मेरे दर्द का नसीब था, जो मुझको कफन दे गया

•••

हर एक को आंख मिलती है, पर आंख में आंसू नहीं मिलता
हर एक को राह मिलती है, पर राह में साथ नहीं मिलता

•••

मौत तो आनी है एक दिन, न जाने क्यों नहीं आती
आस टूट गई है लेकिन, न जाने याद क्यों नहीं जाती

•••

याद आता है मुझे, मेरा तुमसे रूठना
राहत देता है मुझे, तुम्हारे बारे में सोचना

• • •

न मैंने उनको नींद दी, न मैंने उनको घर दिया
वो दिल में आकर बस गए, तो मैं क्या करूं

• • •

कुछ बूंदों का बांध है ये, जो यादों को रोके बैठा है
रो कर उठकर बहने वाले, जख्मों को थामे बैठा है

• • •

कुछ ऐसे भी है इस दुनिया में, जिन्हें गम नहीं होता
एक हमारा गम है, जो कभी कम नहीं होता

• • •

ये खून भी किस काम का, जो बूंद तक लाता नहीं
ये जिस्म भी किस काम का, जो उम्र भर चलता नहीं

• • •

यूं ही कहीं मिल जाएंगे, कुछ याद लिए रुक जाएंगे
पहले तुम, पहले तुम, कहते-कहते, कुछ फांसले बन जाएंगे

• • •

सपने में जो जिंदगी मिली थी, वो भी अश्कों में डूब गई
सूरत जो बचपन में मिली थी, वो जाने क्यों मुझसे रूठ गई

• • •

मुझे जिसका इंतजार था, वो अब तक नहीं आए
एक आंसू ही थे साथ मेरे, जो आंखों से बह आए

• • •

मांगता नहीं तो क्या हुआ, दिल उम्मीद रखता तो है
मानता नहीं तो क्या हुआ, चोट खाकर उठता तो है

• • •

वो भीड़ से उठकर आएं है, और तन्हा मुझको छोड़ गए
अपना सारा हाल सुनाकर, वो रोता मुझको छोड़ गए

• • •

हवा यहां चलती तो है, पर सांस लेने के लिए नहीं
जख्म जाने कब तक भरेंगे, ये मौसम के बस की बात नहीं

• • •

चिलमन में छुपा लो आंखें कितनी ही, दर्द सीने में उतर जाता है
आंखें बंद कर लेने से भी, आंसू छलक जाया करता है

• • •

तुम्हारे बिना जीती रही हूं, पर तुम्हारे बिना जिंदा नहीं हूं
तुम्हे अपना कहती रही हूं, पर तुम्हारी कभी हुई नहीं हूं

• • •

तुम्हें जिंदा रखती आई हूं, यादों को अपनी सांस देती आई हूं
अपने ढंग से ही सही, मैं खुद को बहलाती आई हूं

• • •

मेरे खिलाफ है, खुद मेरी आंखें
रोकने पर भी नहीं, रुकती है आंखें

• • •

आज याद आई, तो क्या याद आई
हालात पर मेरे, खुद किस्मत शरमाई

• • •

हर एक दर्द ने तेरे, आने की आरजू रखी
हर एक आस ने मेरे, प्यार की आबरू रखी

• • •

किस-किस बात का, मैं मातम मनाऊं
गर एक बात हो तो, हंसकर सह जाऊं

• • •

रोने से भी बदला नहीं जब मेरा नसीब
तो खुद को मैंने किस्मत के हाथों सौंप दिया

• • •

वो रोने से मिल जाते, तो हम जी भर के रो लेते
इन आंसू को पानी कह गए, अब और क्या सहना

• • •

जी कर होगा, या मरकर होगा, इन बहानों से भी, अब क्या होगा
कहते हैं सभी, कल होगी सहर, इस झूठ से भी, अब क्या होगा

• • •

मौत कभी देखी नहीं
जिंदा हूं मैं, ये सोचा नहीं

● ● ●

यही है मौत तो, मैं नहीं खिलाफ इसके
मेरी किस्मत, खुद इसकी कदरदां ठहरी

● ● ●

आंखों में पानी ना सही, दिल की नमी से ही सही
पर डूबने लगी हूं मैं, खुद अपनी यादों में कहीं

● ● ●

एक बार हां करके हम,   लाख बार पछताए
दिल न जाने उनकी हां पर, क्यों आज तक टिका रहा

● ● ●

जिसके इंतजार में, हमने उम्र थी बिताई
क्या पता था, होंठों पे उसके, कोई और ही नाम होगा

● ● ●

बह जाऊं मैं इन आंखों से, यह कोई पहली बार नहीं
नहीं पूछोगे फिर भी तुम मुझसे, यह कोई पहली बार नहीं

● ● ●

लिखकर जो भेजा है तुमने, वो लिखने की भी जरूरत नहीं थी
कागज पर होगा प्यार मेरा, खता मेरी इतनी भी नहीं थी

● ● ●

उलझे हुए जज़्बातों में, बलखाते रहे शब्द
छोटी-सी बात कहने में, हमने लगाया वक्त

●●●

आंसू के रूप में सही, वो आंख में रहता तो है
बहता नहीं तो क्या हुआ, जल आंख में ठहरा तो है

●●●

एक अरसा सा हुआ,   उनसे बातें किए हुए
अपनी दिल की बातों को, अपने होंठों में सिए हुए

●●●

कांधे मिले थे उनके मुझसे, पर कदम नहीं मिल पाए
हाथ मिले थे उनसे मेरे, मेरे हाल नहीं मिल पाए

●●●

औरों से कहकर कर लूं क्या, मैं भी अपना दिल हल्का
आज़मा कर देखूं तो उनको, जो कहते हैं हर पल अपना

●●●

एक बार कहो या सौ बार कहो, अब हाल वही है, हर हालातों में
जिसको सुनकर दिल रो उठता था, अब दर्द नहीं है, उन बातों में

●●●

आंखें जिसे सब देखकर, कहते थे सागर सी वो सागर ही हो गई है,
कहानी सुनने की उम्र में,   जिंदगी खुद कहानी हो गई है

●●●

उनसे पूछें या अपनी सुनाएं
हाल है कैसा, ये कैसे बताएं

● ● ●

सरक के बूंद दिल से, आंखों में टिकी है
करवट है जो पलों की, वो पलकों पे सजी है

● ● ●

है निकम्मी चेहरे पर, होठों की ये हंसी
लाख सहने के बाद भी, यूं ही मुस्काए जाती है

● ● ●

तू मेरा न हो सका, मुझे इसका गम नहीं
खुद अपना नहीं रहा, मुझे इसका मलाल है

● ● ●

नहीं है शौक हमको, दर्द-ए-गम छुपाने का
पर है ये ख्वाहिश, कोई मिले, हमें हमारे सा

● ● ●

सूख के फूल भी चुभ जाते हैं, यूं ही कभी-कभी
मिलते-मिलते भी बन जाते हैं, फांसले कभी-कभी

● ● ●

सबको समझाया है अब तक, खुद को क्या कह कर समझाऊं
जिन होंठों से, सब कहते हैं, मैं उन होंठों से कह ना पाऊं

● ● ●

कहीं खुद से आगे, निकल ना जाऊं
जो हूं मैं खुद, कहीं भूल ना जाऊं

• • •

तुमको याद करने से अब, क्या फायदा
बात तो वो है कि मैं जब तुमको याद आऊं

• • •

हाथों से जुदा होकर वो, आंखों से विदा नहीं होते हैं
होंठों पे सदा रहते तो हैं, पर होंठों से बयां नहीं होते हैं

• • •

खाली निगाहें, ये तेरी, मुझे और भरी हुई लगती हैं
सूखे लबों की ये भाषा, मुझे और भी गीली लगती है

• • •

जब जलना ही है जीवन भर, तब आंखों में पानी क्या होगा
जलती आग की लपटों में, बूंदों का जीवन, कितना होगा

• • •

कहने-कहने का फर्क है, कोई दो शब्द ऊपर, कोई दो शब्द नीचे
लिपट जाते है अल्फाज, कुछ पलकों के ऊपर, कुछ पलकों के नीचे

• • •

आंसू को संभालने की कोशिश में, पानी आंखों से बहता ही रहा
यादों के सहारे आंखों का जल, बहाने बनाकर कहता ही रहा

• • •

शामिल है मेरी गुफ्तगू में, वो कुछ इस तरह
बात मैं कोई भी करूं, जिक्र होता है उसका

• • •

कैसे कहूं एहसास को, दिखाया नहीं जाता
अपनों का नाम जुबां पे लाया नहीं जाता

• • •

घूम फिर के ले आती है मेरी जिंदगी वहीं
ठुकराता है जो लाख मुझे, भाता भी है वहीं

• • •

दुख इसका नहीं कि उसने साथ नहीं दिया
गम इस बात का है कि वो खिलाफ हो गया

• • •

अपना है गर तू मेरा, तो कर अपनों-सा सवाल
सामने मत पूछ सबके, तू मुझसे मेरा हाल

• • •

तेरा पूछना, पूछना नहीं इल्जाम लगता है
जवाब दूं या हिसाब दूं नहीं कहते बनता है

• • •

क्या-क्या नहीं कह जाते हैं, लोग गुस्से में सबसे
हम हैं कि बैठे हुए हैं उनके इंतजार में कब से

• • •

खुश नहीं हूं मैं, गुम नहीं हूं मैं
देखकर कहते हैं सब, कि मैं नहीं हूं मैं

● ● ●

वो पूछने से हाल पहले कई ताने कसते हैं
एक जवाब देने से पहले, कई सवाल करते हैं

● ● ●

सुनने का क्या है, एक कहो सब दस सुनते हैं
हर छोटी सी बात के अपने अर्थ करते हैं

● ● ●

कुछ नहीं रहा कभी, ये निशान है मिटाने का
उम्मीद नहीं रही कोई, जिंदगी नाम है बहाने का

● ● ●

आज किनारे पर रुकी है, कल बीच भी आ जाएगी
कोशिशें सारी मेरी, अब बूंद-बूंद बह जाएगी

● ● ●

यह सोच कर नहीं होने दी, कभी सपनों को खबर
कि देखा हुआ सपना कभी, भी सच नहीं होता

● ● ●

याद उसे इतना किया, कि तारीखों से रिश्ता हो गया
खुद को रखा था जिसके लिए, किसी और का ही हो गया

● ● ●

काश! मेरी भी किस्मत होती
साथ न सही, चार कदम आगे ही होती

• • •

वो अब तक गिना रहे हैं, मुझे गलतियां मेरी
हम हैं कि उनकी, सब खताएं भूल बैठे हैं

• • •

वास्ता इंतजार का, वो मुझको दे गए
कह कर गए थे कल की, कई बरस हो गए

• • •

ख्वाब आंखों तक नहीं आते,
और जो आंखों में हैं वो दिल में नहीं आते

• • •

कब तक मनाऊं खुद को, मैं तुमको मनाने के लिए
तुम करोगे फिर वही, है ठीक जो तुम्हारे लिए

• • •

क्यों पूछते हो पंक्तियां, ये है कहां से आई
ऐसा हुआ क्या साथ मेरे, जो शब्दों ने ली अंगड़ाई

• • •

तू कहे तो नाम तेरा, मैं अपने नाम के साथ ले लूं
हो इज़ाज़त गर तेरी, तो एक छोटी-सी एक सांस ले लूं

• • •

कैसे-कैसे हादसे, मेरे साथ ना हुए
घाव अपने हाथ से, खुद साफ ना हुए

• • •

उसे कोसती हूं हर पल, देती हूं बद-दुआ
फिर मांगती हूं माफी, क्यों तुझसे मेरे खुदा

• • •

कहने को ही करी है, इस दिल ने उनसे नफ़रत
गर आज भी वो मनाएं तो, शायद मैं मान जाऊंगी

• • •

सब जानते हो तुम तो फिर, ये पूछना कैसा
जो आज तक नहीं हुआ, वो कल पर टालना कैसा

• • •

चाहों तो दर्द और दे दो, इल्जाम नए कुछ और दे दो
पर देख कर पहचान लोगे, इस बात का तुम वादा दे दो

• • •

अब तक थी हमको खबर अपनी, यह खबर भी सारी गलत निकली
नकल करी जब हंसने की हमने, तब आंखें भी कुछ बह निकली

• • •

क्यों विश्वास कर जाता है दिल, हर बार यकीन क्यों कर जाता है दिल।
जो नहीं हो सकता है कभी, क्यों उसको मान बैठता है दिल।

• • •

कभी टूटता रहा, तो कभी रूठता रहा
दिल मेरा मुझसे कभी, खुद छूटता रहा

• • •

झूठ कोई होता तो हम, सच की तलाश करते
पर सच तो ये है, सच मेरा सब झूठ हो गया

• • •

काफी कुछ सिखा गई, ये जिंदगी मेरी
आया नहीं मुझको तो बस, कभी उनसे रूठना

• • •

कहने को मैं लेटा हुआ हूं, पर आज तक सोया नहीं हूं
कहने को ही कहता रहा हूं, पर आज तक बोला नहीं हूं

• • •

मेरी चाल बदल जाती है, मेरा हाल बदल जाता है
देख के उसको मेरा, हर ख्याल बदल जाता है

• • •

किन बातों को लेकर बैठूं, मैं किन बातों को भूल जाऊं
शुरू करूं मैं कहां से किस्सा, जरा आंखों से तो पूछ आऊं

• • •

तुम मुकर जाओगे जिस दिन, ये आंखें बदल जाएगी उस दिन
कहते हो तुम, जिसको सागर सी, वो सागर ही हो जाएगी उस दिन

• • •

जख्म मेरे सूखे ही कब थे, जो फिर हरे होंगे
वो हमसे खुश थे कहां जो फिर खफा होंगे

• • •

किससे करूं शिकायत, किसको सुनाऊं जाके
क्या है जो दे रही है, मेरी जिंदगी मुझे

• • •

उम्मीदों को तुम्हें सुनाकर, क्या फायदा
अब तक रखीं थी ये जहां, इन्हें वहीं रहने दो

• • •

आप से तुम, और तुम से तू वो हो गए
कैसे, कब और क्यों, वो इतने करीब हो गए

• • •

बांट कर हर दर्द को मैं, हिस्सा उसका देता रहा हूं
आस को जरिया बनाकर, अपने कदम गिनता रहा हूं

• • •

मेरे साथ रहकर देखा है, इन आंखों के बीच रहकर नहीं देखा
लोगों से सुनकर देखा है, क्यों मुझसे पूछकर नहीं देखा

• • •

दिन में ना ही धूप रही,   आंखों में ना ही रात रही,
रही तो बस एक याद रही, उम्मीद के कारण, तेरी उम्मीद के कारण

• • •

जो रह गई है अनकही, उसे जुबान चाहिए
बहने के लिए दर्द को, नई आंख चाहिए

• • •

कई बार उम्र करती है, जीने की कोशिशें
फिर हाथ पांव मारकर, यूं ही बैठ जाती है

• • •

यह ठीक है, वो कोसता रहा, उम्र भर मुझको
पर यह सच है वो तरसता रहा, पाने के लिए मुझको

• • •

इस एक पल को बटोर कर, मैं आज मरना चाहता हूं
जीवन रोता-सा मिला था, मैं मौत हंसती चाहता हूं

• • •

आंखों में पानी जम रहा था, यह आग भी अब जम गई है
इंतजार था कि रह रहा था, मजबूरियां थी रह रही है

• • •

हदें सारी सब पार हो चुकीं, कहने सुनने की गुंजाइश नहीं
बातें सब हद से पार हो चुकीं, अब रहे साथ ये जायज नहीं

• • •

तुम मेरे प्रश्नों का उत्तर नहीं, उत्तरों के आगे का एक अधूरा सवाल हो
तुम मेरे पलों का इंतजार नहीं, इंतजार के पलों का ठहरा हुआ मलाल हो

• • •

बेदाग-सा एक दाग है, गुमनाम सा एक नाम है
इन गुलाबी आंखों में, एक नीला सा आसमान है

• • •

जी चाहता है कि बोल दूं, राज दिल का खोल दूं
बिखरे हुए हर शब्द को, नए सिरे से जोड़ दूं

• • •

यादों को अपनी टटोलकर, रिसता हुआ-सा मौन
बोलने की कोशिशों में गूंगा पड़ा-सा मौन

• • •

संबंध मेरे सब छंद हुए, बहकर आंसू सब बंद हुए
उलझा था जिसमें दिल अब तक, रिश्ते वो मेरे मंद हुए

• • •

आज नहीं वो कल आएगा, वो कल भी जाने कब आएगा
कहा था मिलेंगे, वो फिर हमसे, वो फिर ना जाने, कब आएगा

• • •

मैं कह ना पाऊं, तो क्या लेकिन, ये हाल मेरा कोई, उन्हें सुना दे
आंखों से बहते इन आंसू को, राहों तक कोई, उनकी पहुंचा दे

• • •

याद रखे या ना तू मुझको, पर भूलूंगा नहीं कुछ ऐसा कह जा
होंठों से इच्छा हो ना हो, पर आंखों से तू अपना कह जा

• • •

मेरी खामोशी ही सूबत है प्यार का मेरे
बोलने के मौके वरना मेरे पास कम न थे

• • •

दर्द की कोई होगी वजह, जो अब नहीं गाता
तुमसे बात करने को, अब जी नहीं चाहता

• • •

बिखर जाऊं इससे कि पहले, मुझको समेट लो
शायद मैं लौटूं नहीं जी भर के देख लो

• • •

क्या चला जाएगा तुम्हारा, एक बार मुझको देखकर
कौन है जो फिर कहेगा, तुमसे ऐसे टूटकर

• • •

आपका खत मिला, इंतजार को जैसे किनारा मिला
आपकी खबर मिली, तो जीने की नई वजह मिली

• • •

मुझको आवाज देना नहीं अब, मुझसे मुड़ा नहीं जाएगा
राह में अब साथ तुम्हारे, मुझसे चला नहीं जाएगा

• • •

मैं उससे नाराज बिलकुल नहीं, पर साथ उसके खुश भी नहीं
उसको मैं रुसवां करूं, ऐसी मेरी आरजू भी नहीं

• • •

बिना इजाजत रहते है आंसू
मेरे खिलाफ बहते है आंसू

● ● ●

मेरे भूलने वाले ने, मुझे फिर याद किया है
एक नए अंदाज से, फिर बर्बाद किया है

● ● ●

आंखों से भीगे होते,   भीतर से टूटे होते
तुम आखिर कैसे होते, गर मेरी जगह जीते होते

● ● ●

देखा नहीं तुमने कभी, प्यार से मुझे
पर कहती है ये धड़कन मेरी, तू मेरा सुकून है

● ● ●

वो होंगे खुश वहां पर, नहीं होंगे दुःख से चूर
वरना वो हाल अपना, सुनाते मुझे जरूर

● ● ●

दर्द भी मिलता रहा, अपना समय निकालकर
नहीं रहा तो बस कभी, समय का साथ हम पर

● ● ●

कितने ही लिख लो लेख कहीं भी, कितना ही बांट लो, दुःख दुनिया से
घात अनेकों लगने पर भी, सहन खुद ही करना पड़ता है

● ● ●

हैरान हूं कि आ गया, ये कैसा हुनर मुझमें
बात है रोने कि और रोता नहीं हूं मैं

• • •

कहना नहीं आया कभी, हाल-ए-दिल अपना
आज आया जुबान पर, तो बार-बार आया

• • •

जिंदगी को अब नया बदलाव चाहिए
ऊबी हुई कई हसरतों को विश्राम चाहिए

• • •

आंखों से पानी ही नहीं, बहुत कुछ बहकर आता है
तभी कहूं ये दिल मेरा, क्यों रोकर हल्का हो जाता है

• • •

फिर नहीं बोलेंगे अब, हमने यही सोचा हुआ था
पर क्या करूं वो बह गया, जो आंख में ठहरा हुआ था

• • •

दिल में धड़कन ही नहीं है काफी, सिर्फ जीने के लिए
कुछ तो चाहिए कभी, दिल को दिल के जैसा

• • •

तुम झांक सको तो झांक लो, मेरी इन भीगी आंखों में
तुम खुद भी नज़र न आओगे, अपनी दी हुई सौगातों में

• • •

पल-पल नहीं मरेगा, अब ये मन मेरा
तिल-तिल बुझ रही हैं ख्वाहिशें मेरी

•••

जो आंखों में रह रहा है, वो है इंतजार मेरा
जो आंखों से बह रहा है, वो है एतबार तेरा

•••

पल भर को नहीं मिली, जिससे मुझे राहत
दिल है कि पलकों पर उसे, सजाए बैठा है

•••

कब, क्या लिखा मैंने, मुझको नहीं इसकी खबर
बेवजह जो गम मिले थे, बस याद है उनका असर

•••

जो मेरी आंख में है, वो तुम्हें अपना नहीं लगेगा
छूकर देखो इस पानी को, तुम्हें गीला नहीं लगेगा

•••

आज के गम कम है क्या, जो मैं कल की याद करूं
है नहीं जो वक्त मेरा, क्यों उसको बर्बाद करूं

•••

रोने से नहीं बहेगा, कहने से नहीं घटेगा
जो कुछ है आंखों में मेरी, वो आंखों से नहीं दिखेगा

•••

खत मिला मुझे तेरा, पर खबर नहीं मिली
आंख में रहकर भी तेरे, तुझसे नजर नहीं मिली

● ● ●

एक अधूरे प्यार से, मेरा गीत पूरा हो गया
बिना चले तेरे साथ में, तेरा साथ गहरा हो गया

● ● ●

सब पढ़ रहे हैं मुझको, मेरे लिखने के बाद में
अब ढूंढ रहे हैं मुझको, लकीरों की आड़ में

● ● ●

देखा नहीं किसी ने, मुझे रोता हुआ कभी
पर हैरान है सब सोचकर, कभी हंसता नहीं देखा

● ● ●

क्या वजह थी जीने की मेरी, इसकी नहीं मुझको खबर
जब देखता हूं जिंदगी को, मरने की नहीं होती फिकर

● ● ●

कहकर जो हो जाए हल्का, ये वो ऐसा दर्द नहीं
तुम पूछो और मैं कह दूं, ये मेरी बस की बात नहीं

● ● ●

क्या भरोसा जिंदगी का, आज है कल बन जाए खबर
खाक हो जाती हैं रातें, सब होने से पहले सहर

● ● ●

हमेशा ही करी है किस्मत ने अपने मन की
बेवजह ही पूछती है, मुझसे मेरी मर्जी

•••

यादें ही हैं जो छोड़कर मुझको नहीं जाती
हाथ जोड़ने पर भी मेरे, हैं पांव में पड़ जाती

•••

कई साल हो गए हैं, खुद मुझको गुमे हुए
ढूंढने की, कोशिश ना करना, कोई आस लिए हुए

•••

बिना कहे एक शब्द मुझसे, तू सब कुछ पूछ जाता है
लाख छुपाने के बाद भी, तू मुझको जान जाता है

•••

तुम हो अलग औरों से, क्यों दिल मेरा कहता रहा
तुम्हारी हर एक बात पर, क्यों दिल यकीं करता रहा।

•••

क्यों नहीं आती अकल, मुझे ठोकरों के बाद
लाख गम सहकर भी तेरे, क्यों जाती नहीं तेरी याद

•••

न कहने का हक मिलता, न चुप रहने की इजाज़त
फरमाइश भी उन्हीं की हैं, और उन्हीं को है शिकायत

•••

खुद को बचा के रखना, मुझे ढूंढने से पहले
मैं खुद भटक रहा हूं, अपनी उम्मीद में कब से

• • •

खबर मिली है, उनकी आंख का पानी गिरा है
तभी कहूं क्यों, इस दर्द को मुझसे गिला है

• • •

जिंदा हूं मैं आज भी, इन शेरों के जरिए
हूं किसी की आंख में, तो कहीं, होठों पे बैठा हूं

• • •

छींट पानी की बहुत है, खोलाने को आंखें
भरी पड़ी है आंसुओं से, पर खुलती नहीं है आंखें

• • •

दो शब्द तक तो कहे नहीं, किसी ने सांस रहते
अब हूं किताबों में कहीं तो कहीं महफिल की दाद में

• • •

ये आंखें जवान हो गई हैं, कि आंसू उभार लेने लगे हैं
कदम अपने पलकों पे रख के, दहलीज को, लांघने लगे है

• • •

सहता मुझको देखकर, तुम भी कर लेना, दो बातें
बहाने से सही, हालत पे मेरी, महफिल में होगी कुछ बातें

• • •

जान मुझमें थी कहां, जो अब जान जाएगी
जिंदगी भी यह हकीकत, अब जान जाएगी

• • •

क्या समझ रखा है मैंने, तुम्हें जिंदगी में अपना
ये खुद समझ जाऊं, तो फिर मैं तुमको समझाऊं

• • •

आज आंखों में छिपी है, कल आंखों से झड़ जाएगी
कोशिशें इन आंसुओं में, कब तक थमी रह पाएंगी

• • •

देखा है मैंने खुद को, तुम्हारी आंख में महकते हुए
मेरी जुस्तजू की कैद में, ख्वाब को पिरोते हुए

• • •

लिखूंगा कुछ तो एक दिन, मैं भी आंखों पर तेरी
इन्हें देखने से फुरसत मिले, बस वो दिन ही चाहिए

• • •

कौन-सा है घाव ऐसा, जिसका नहीं अब तक मरहम
क्यों लोगों को मैं दोष दूं, जब आती नहीं, मुझको शरम

• • •

जिनके खातिर हैं ये आंसू, करते हैं खातिर उनकी ये आंसू
रोकर भी देखा है हमने, कुछ काम नहीं आते ये आंसू

• • •

मत करो खुश रखने की तुम मुझे कोशिश
कोशिश तुम्हारी और भी मुझे दर्द देती हैं

• • •

खामोश रह कर देखा, तो सब कुछ छूटता गया
जरा रोकर अब देखते हैं, भला क्या हाथ आता है

• • •

कद्र करती रहीं आंखें, निभाती रहीं भाईचारा
एक थी नदी तो, दूसरी थी किनारा

• • •

जीने का ढंग मेरा गलत है, ये सब मुझे समझाते रहे
मैं हैरान हूं ये सोच के, कि सब जिंदा मुझे समझते रहे

• • •

क्यों चाहते हो मान जाऊं, मैं तुम्हारे मनाने पर
ऐसा कहीं अब कुछ नहीं, जिसका हो मुझ पर असर

• • •

चाहता तो है हर कोई मुझे, पर कभी अपनाता नहीं है
देते हैं नाम सब रिश्तों को पर, रिश्तों को कोई निभाता नहीं है

• • •

किस बात को लेकर शुरू करूं, किस दर्द को कहकर खत्म करूं
टाल के मैं, खुद को बहानों में, किस बहाने से शुरुआत करूं

• • •

रोते-रोते जो कट रही है, उसे यूं ही कटने दो
हंसने का दिलासा कहीं, उसे जीने ही ना दे

• • •

भरी हुई आंखों में मेरी, खोखले हैं शब्द तेरे
बैठी हुई आवाज में तैरते हैं वक्त तेरे

• • •

सांस तक भी ली नहीं, कभी तेरी परछाई ने
पर तेरी उस छांव से, मेरा जिस्म गीला हो गया

• • •

वजह बने हो जीने की तो, मुझको तुम जीने तो दो
बिना शर्त के मेरा जीवन, दो पल को टिकने तो दो

• • •

तेरी खबर मिलती रहे, मुझे और कुछ नहीं चाहिए
मेरा क्या है चर्चा मेरा, ये जग सदा करता रहेगा

• • •

ना सख्त थे, ना नुकीले थे, कोमल और गोल थे
पर फिर भी मुझको, चुभ रहे थे, मेरी आंख के आंसू

• • •

दिल ही नहीं था, सीने में उसके, तो जुबां को क्यों कोसूं
फिर क्या कहा और क्या नहीं, इससे क्या फर्क पड़ता है

• • •

सूख कर ये जिंदगी, पानी पानी हो गई
उम्र की लंबी कहानी, आंखों में दफन हो गई

• • •

अफसोस मैं किस बात का, किस बात पर करूं
मेरा नहीं था, जो कभी, उससे उम्मीद क्या करूं

• • •

उसने क्या कितना सुनाया मुझे इसका गम नहीं
उसने क्यों इतना छुपाया इसका मलाल है

• • •

कितने समझेंगे मुझको, कितने फेरेंगे मुझसे नज़र
गर सोचूं मैं इस बारे में, तो बीत जाएगी सारी उमर

• • •

देख कर अपने गमों को, कहीं मैं तरफदारी न कर लूं
तरस खाकर अपने दिल पर, जीने की उम्मीद न कर लूं

• • •

तू भी वादे करके देख ले, मुझे आदत है इंतजार की
भरोसा तुझ पर भी कर लेंगे, मुझे आदत है एतबार की

• • •

पलकों को बात करते सुना, तो पाया कि कोई सोया नहीं
गीली जुबां से जब उसने कहा, तो पाया कोई रोया नहीं

• • •

दो दिन का प्यार, और चार शिकायतें
दो कदम का साथ, और चार रुकावटें

•••

झूठे मुंह से ही सही, कोई दो घड़ी सुनता अगर
तो पन्नों पर यूं लिखने की आदत नहीं होती

•••

जल रही है जिंदगी, अभी राख नहीं हुई
पल रही है यादें अब तक, अभी बांझ नहीं हुई

•••

तू भी बहा होता अगर, इन आंसुओं के संग
तो जिक्र सुनकर तेरा कभी, यूं आंखें नहीं बहती

•••

हिसाब चुका रही हैं आंखें, बहकर साथ का तेरी
पर्ली थी जो शायद कभी, उम्मीदों पर तेरी

•••

हाथों से आकाश खींचकर, चल दो मुट्ठी, बादल ले आएं
अपने-अपने हिस्से का थोड़ा, निथरा-निथरा ख्वाब ले आएं

•••

प्यार की निशानी तेरी देख, आज कितनी पानी-पानी है
कह सकता है तो तू कह दे, मेरी आंखें कितनी प्यारी हैं

•••

ना तुझको मना सके, ना खुद ही मान पाए
ना उसके हो सके, ना ही खुद के हो पाए

•••

सुना-सुना सा लगता है, ये सूनापन मुझे
कि खुदकुशी लगती है, खुद की खुशी मुझे

•••

मेरी एक बात पर, लोग सौ सवाल पूछेंगे
आज का हाल खुलकर कल की कुरेदेंगे

•••

है देखने का शौक तो, तू अपनी आंखें बंद कर
चाहे तो फिर छू लेना मुझको, बिना उंगलियों के तू

•••

हाजिर भी हो जाएगा, जो कुछ भी जाहिर है
सब आंखों में दिख जाएगा, अब तक जो भी शामिल है

•••

जो कई बरस पहले लिखा था, वो आज भी ताजा मिला
आड़ में वो पन्नों की, मुझे आज भी झांकता मिला

•••

साथ जो मरने को राजी था, वो साथ जीने को तैयार नहीं
हंसी का जो जरिया था कभी, आज रोने का कारण है वही

•••

देती नहीं मौहलत यहां, जीने की जिंदगी
किससे कहें कि ढूंढ दो, वजह मेरे जीने की

• • •

खत्म हो गया तमाशा, अब पर्दा गिरना चाहिए
जिंदगी के मंच पर, नया किरदार होना चाहिए

• • •

एक तू ही पत्थर नहीं, है और भी रोड़े कई
प्यार की इस आड़ में, दुहराते हैं सब किस्से वही

• • •

परेशानियां थीं कुछ मेरी, कुछ दर्द मेरा बढ़ता गया
जाने वो क्या सोचकर, रोज मुझे मिलता गया

• • •

दो कदमों का साथ रहा, और उम्र भर की ठोकर खाई
चार दिनों का प्यार रहा और जन्म-जन्म की दूरी पाई

• • •

मुझसे मेरा सब कुछ छूटा, एक तेरा ही, रंग ना छूटा
लगे है अब, हर मौसम झूठा, जबसे तू मुझसे है रूठा

• • •

शब्दों से कविता बनती, तो कब की बन गई होती
होंठों से बातें होती तो, कब की पूरी हो गई होती

• • •

जानता था वो भी ये, नहीं हंसेगा देर तक
रोकने को आंसू उसने, बातें बनाई देर तक

• • •

हो सफर में साथ कोई, ये जरूरी तो नहीं है
जो साथ हो वो साथ ही दे, ये जरूरी तो नहीं है

• • •

खामोशी तक भी मिली नहीं, मुझे सुनने को उसकी
एक शोर सा आंखों में उसकी, बस गूंजता रहा

• • •

ये कैसा समय है जो कटता तो है, पर कभी गुजरता नहीं
ये कैसे बोल हैं, जो चुभते तो हैं, पर होंठ से झड़ते नहीं

• • •

उम्मीद भी उससे लगी है, जिससे शिकायत अब तक रही है
पूछती है आंखें मेरी, किसके लिए ठहरी हुई है

• • •

आंखों से मेरी वो क्या बहता, आंखों में कभी जो रह न सका
दूर वो मुझसे क्या जाता, जो पास कभी भी रह न सका

• • •

नजरों से मेरी, वो क्या गिरता, खुद की नजरों में जो उठ ना सका
आंखों से वो अपनी क्या कहता, होंठों से जो अपने कुछ कह ना सका

• • •

कौन है जो साथ उसके रहता है सदा
फिरता है अकेले पर लगता है नहीं तन्हा

• • •

आंखों में उगा करती हैं, ये उम्मीद किसलिए
उठा के सर चल देती है, ये बूंदे किसलिए

• • •

मत करो तुम मुझसे इतनी देर तक बातें
ऐसा न हो बातों के जरिए, खुल जाएं कई बातें

• • •

बातें ये मेरी तुझे, शायद समझ कभी आ सके
आज मेरी जो आंखों में है कल आंखों तेरी में आ सके

• • •

आंखों के मेरे हादसे, लोगों के होंठों पर मिले
जो दर्द थे आधे कभी, वो भी मुझे पूरे मिले

• • •

कोई क्या देगा मुझे दुःख, मैं खुद को सजा देने लगा हूं
धोखा दे कोई इससे पहले, नाते उनसे मैं तोड़ने लगा हूं

• • •

मुझसे नज़र मिलाकर देख, मेरी आंखों में आकर देख
बहुत पढ़ी हैं किताबे तूने, जरा इन आंखों को पढ़कर देख

• • •

मेरी तन्हाई से मुझे, एक फायदा तो हुआ
अपने बारे में सोचने का, एक मौका तो मिला

● ● ●

न फटका आस-पास जो कभी एक पल के लिए
बचा रहा है मुझे आज वो अपने जीने के लिए

● ● ●

बिना रुके जब बहते गए इन आंखों से आंसू
मुझको तब पता चला उसको इतना चाहने का

● ● ●

भूल गया है जो मुझको, उसे ही भूला नहीं जाता
छोड़ गया है जो मुझको, उसे ही छोड़ा नहीं जाता

● ● ●

देते रहे हैं शब्द धोखा, सदा मेरे होंठों को
होंठों पर रहते हैं और, आंखों में ठहर जाते हैं

● ● ●

दर्द भी कोई किसी का लय में कभी उठता है क्या
गिनके शब्दों को कोई, ग़ज़ल कभी रचता है क्या

● ● ●

घंटों भर कह के भी उसको लगता नहीं कुछ भी कहा
एक वो है कहता है मुझको, कुछ भी नहीं मैंने सहा

● ● ●

मैं वो पहला तो नहीं, जो यूं ही रो रहा हूं
वो बात और है, मेरा हाल और है

• • •

क्या सुनाऊं मैं तुम्हें, नहीं कुछ जुबानी याद
टिक सके एक दर्द मुझपे, बस इतनी है फरियाद

• • •

खत मिला मुझे तेरा, पर खबर नहीं मिली
आंख में रहकर भी तेरे, तुझसे नज़र नहीं मिली

• • •

न जाने कहां से आकर, कहां चले जाते हैं आंसू
फसाना कहता है, किस्सा कोई, सुना-सुना सा है

• • •

कुछ दिन अगर मैं यूं रहा, तो कुछ दिन ही रह सकूंगा
अगर इस तरह मैं और जिया, तो जीकर न जी सकूंगा

• • •

तू सदा की बात ना कर, यहां कुछ नहीं रहता सदा
ये पत्ता जो सूखा हुआ है, कल डाल पर था ये भी हरा

• • •

याद दिला-दिला कर, उसे मेरी याद आई तो क्या आई
सुना-सुना कर उसने मेरा हाल पूछा तो क्या पूछा

• • •

तेरी बेशर्माई पर, मुझको शर्म आती रही
तेरा शरमाना मुझे, तेरी अदा लगती रही

● ● ●

छोड़कर भी याद रखा, उसने मुझे अब तक
मारकर भी जिंदा रखा, उसने मुझे अब तक

● ● ●

जो रह गई है अनकही, उसे जुबान चाहिए
बहने के लिए दर्द को, नई आंख चाहिए

● ● ●

कहकर जो हल्का हो जाए, ये ऐसा वो दर्द नहीं
तुम पूछो और मैं कह दूं, ये मेरे बस की बात नहीं

● ● ●

कांटा फूलों के बीच रहा, कांटा फिर भी कांटा रहा
पानी पहाड़ों के बीच बहा, पर पानी पत्थर नहीं हुआ

● ● ●

ये दर्द होते रहना चाहिए, घाव यूं ही लगे रहना चाहिए
तुम भी थे कभी जिंदगी में, ये याद रहना चाहिए

● ● ●

जब जिंदगी समझ आने लगी, तब खुद पर हंसी आने लगी
जीने की अब तक की आदत, बेईमानी सी लगने लगी

● ● ●

सामने से उसका आकर यूं चले जाना
याद आता है वो उसका घंटों ठहर जाना

•••

खुद ही गुनाह करके, खुद को सजा सुनाई
अपने ही फैसले से हमने खुद दूरियां बनाई

•••

चार सांसों कि कैद में, मैं मुट्ठी भर धूल हूं
जिंदगी ने बख्शा हुआ है, मैं उसी की भूल हूं

•••

पी लेने दो सूखे हृदय को, आंसुओं की धार
खोदकर दिल की जमीं पर, बूंद उमगेगी कहीं

•••

कहने को ही जिंदगी मिली है, पर सांस तक लेती नहीं है
है कहने को साथ मेरे पर साथ कभी देती नहीं है

•••

है छोटी सी बात मगर, इतनी भी नहीं कि तुम्हें बता दूं
तुम पूछो भले अपनेपन से, कोई खेल नहीं जो फिर दुहरा दूं

•••

जब जलना ही है जीवन भर, तो आंखों में पानी क्या होगा
इन जलती आग की लपटों में, अश्कों का जीवन कितना होगा

•••

कितना खफा रहने लगा है वो
मुझको सगा लगने लगा है वो

* * *

है बड़ी ही खूब उसकी, मुझको सताने की अदा
पूछता है हाल मेरा और ठीक से सुनता नहीं

* * *

छेड़कर खुद बात मेरी, याद भी न किया मुझको
सगा तो दूर सही, गैर भी न समझा मुझको

* * *

उम्मीद थी जिस बात की, साथ मेरे वो सब हुआ
जानकर भी परिणाम सारा, दर्द मुझे बेहद हुआ

* * *

गुजरेगा कैसे कल मेरा, क्या इसकी फिक्र करना
बीता है जो कल मेरा, अभी वो ही नहीं गुजरा

* * *

मर चुका हूं बरसों पहले, मर्जी तुम्हारी जब दफनाओ
कर लेंगे हम यकीन तुम्हारा, ख्वाब चाहे जैसे दिखलाओ

* * *

जाने कौन किसकी वजह से, बरसों से खामोश है
मैं ही तो चुपचाप नहीं, वो भी तो खामोश है

* * *

मैं हारूंगा तो ही कभी वो जीत पाएगा
सच भी क्या वो भी कभी, ये जान पाएगा

•••

आंखें ही हैं शामिल, खुद मेरी तबाही में
न देखती उसको, न टिकती उसके चहरे पे

•••

लगाओ तुम न अंदाजा, उसकी सांस का उससे
वो दे रहा है धोखा, अपनी जिंदगी को कब से

•••

कैसे कहूं कि चीजें चुभती हैं, असर करती हैं
भले ही कभी-कभी सही पर रह-रहकर उठती हैं

•••

कई किश्तों में चुकेगा, आंखों से दिल का कर्जा
कई बरसों तक मनेगी, हर रोज दिल की बरसी

•••

राजी नहीं होती हैं आंखें, किसी झूठी तसल्ली से
कि बाज नहीं आती उम्मीदें, एक जगह पर टिकने से

•••

आंखों की बहने की आदत, आंखों में ही डूब गई थी
जब तक बात बनानी सीखी, बात उलझकर बिगड़ चुकी थी

•••

जो बीत गया है वो, क्यों गुजर नहीं जाता
रुका है जो आंखों में, क्यों बह नहीं जाता

• • •

आंखों पे दस्तक देते रहे, कई बार मेरे आंसू
और दस्तखत करते रहे, रिश्तों पे मेरे आंसू

• • •

इतना ही कहना है अब, कि अब कुछ नहीं कहना
सह लिया अब तक बहुत, अब और नहीं सहना

• • •

कुछ तो बकाया है मेरे, दर्द का मुझ पर हिसाब
कि एक पन्ना उसका भी, लगता है पूरी किताब

• • •

होगी कोई परेशानी उसे जो फिर चला आया है वो
वरना मेरी खातिर कभी, एक बार भी ना मुड़ा था वो

• • •

वो जब भी बात करते हैं, तो शिकायत ही करते हैं
और चाहते हैं, मैं जब भी बोलूं, तो प्यार से बोलूं

• • •

कहने को हैं ये साथ मगर, पर तन्हा-तन्हा रहती हैं
इंतजार में दोनों ये आंखें, खुद-खोई-खोई रहती हैं

• • •

क्यों भूल जाता है मुझे, वो इतने करीब आके
क्यों याद आता है मुझे, वो इतनी दूर जाके

● ● ●

राहत वही दर्द दे रहा है, जिसने कभी था गम दिया
पूछ रहा है हाल मेरा वो, जिसने मेरा ये हाल किया

● ● ●

खुद को मनाना आ गया, मुझे बातें बनाना आ गया
रोने वाली सब बातों पर, मुझको हंसाना आ गया

● ● ●

सात रंग का एक इंद्रधनुष और सात सुरों की एक तार
एक राह पर चार दिशाएं और हर दिशा पर सपने चार

● ● ●

किनारे छोड़ जिंदगी, अब दायरे तलाशने लगी है
है नपी-तुली सी जो बची, उसको भी आंकने लगी है

● ● ●

एक बरस का प्यार नहीं, ये रिश्ता है कई जन्मों का
तुझसे मिलकर लगता है ऐसे, अंजाम है तू कई कर्मों का

● ● ●

आस गिरी है टुकड़ा-टुकड़ा, पुरजों में है कुछ उतरा-उतरा
रुका हुआ आंखों में पानी, रिसता है अब कतरा-कतरा

● ● ●

फिर अधूरी बात कोई, अधर में न छूट जाए
किनारे पे आकर कश्ती, यूं ही न डूब जाए

• • •

ना ही खबर आती है, ना ही नींद आती है
पहले आती थी नींद, अब वो भी नहीं आती है

• • •

मेरे सीने में कैद जुस्तजू, मुझे बंदी न बना दे
अटके हुए अल्फाज कहीं, मुझे गूंगा न बना दे

• • •

कौन-सी ये एक याद है, जो आज तक मुझे याद है
ना दिल है जिसको भूलता, ना ही सोचता कोई बात है

• • •

अभी तो रोना बाकी है, एक गीत का लिखना बाकी है
भरे पड़े हैं दिल के पन्ने, कागज का पन्ना खाली है

• • •

पीने को पानी, जिनके नहीं था, आंखों में पानी उनको मिला
चुभते क्या राहों में कांटे, उन्हें जिस्म अपना कांटे-सा मिला

• • •

किसको क्या बतलाया जाए, कितना कुछ समझाया जाए
नाप नहीं है किसी दर्द का, किसको कितना तोला जाए

• • •

शायर नहीं है वो, ना ही कभी वो शेर लिखता है
गाता है अपना दर्द बस, महफिलों में अपनी

• • •

वो मेरी आंखों में है, पर आंसू में शामिल नहीं
है मेरी महफिल में वो, पर प्यार के काबिल नहीं

• • •

थक गए हैं जीते-जीते अब और जिया नहीं जाता
अपनों को अपने बारे में और बताया नहीं जाता

• • •

सिरहाना इंतजार करता रहता है, मेरा बिस्तर पर
और नींद है कि पसीजती नहीं है, मेरे हालातों पर

• • •

तेरे आने की खुशी में कहीं, मैं रो ही ना पड़ूं
जिन आंखों ने राह देखी है, उन्हीं से बरस ना पड़ूं

• • •

अपने आप से दूर हूं मैं, शायद बहुत मजबूर हूं मैं
किस पर करूं कितना मलाल, इतनी नहीं फुर्सत में मैं

• • •

बिताती रही उम्र मुझे, और बताती रही अपना सगा
पढ़ाती रही पहाड़ा मुझे, और सिखाती रही घटा-जमा

• • •

कोई साथ रहा नहीं मेरे, फिर भी
पता है कि दूरी इसे कितनी चुभती है

* * *

पूरी उम्र ना सही, थोड़ी दूर तक तो आना
प्यार मुझसे ना सही, उम्मीद तो रख जाना

* * *

न कहने का इल्म है हमें, न छुपाने का हुनर है
एक ये ही हुनर है जो, नहीं हम में उधर है

* * *

तजुर्बे हाथ थामे रहे, उसके हाथ छोड़ने के बाद
खुद को हम जोड़ते रहे, खुद से बिछड़ जाने के बाद

* * *

उससे ये शिकायत नहीं, कि वो मुझे समझा नहीं
सच तो ये है हर बात उसको, लाख बार समझाई है

* * *

मजबूरियां बुलवाती गईं, मुझको ठिकाने लगाती गईं
सीने में कैद ख्वाहिशों को खामोशियां नापती गईं

* * *

अजीब सा   रिश्ता रहा,   कुछ उनसे   ही मेरा
न मोहब्बत की वजह मिली, न नफरत का सबब मिला

* * *

तन्हाई में मैंने उसको पाया
जिसे साथ रहकर गुमा दिया था

• • •

एक बार मुझे तू भूलकर सुन
आएगी तुझे फिर, मेरी याद देखना

• • •

सजती है किसके लिए वो विरह में इतना
ये इंतजार है या बेकारी उसकी

• • •

हर बार उसकी आंखों में अलफाजों का टिकना
है गवाही इस बात की, वो कितना है अपना

• • •

उसका नज़रें फेरना किसी देखने से कम न था
होंठों का उसका दबना, कुछ बोलने से कम न था

• • •

उनको कहने की आदत है, हमको सुनने की आदत है
दोनों को आदत है फिर भी, पड़ती नहीं कोई आदत है

• • •

एक वक्त था दो पंक्तियां लिखनी थी, और लिखी नहीं गई
एक वक्त है कि दो पंक्तियां से भी अब जी नहीं भरता

• • •

अजीब ही रिश्ता है हम दोनों के बीच में
कुछ भी नहीं है सच मगर, झूठा नहीं लगता

• • •

बहुत अजीब था उसका जान लेने का ढंग
बिना पलक झपकाए मुझको वो देखता रहा

• • •

मुझे इसका गम नहीं, कैसे मैं बदनाम हो गया
शर्म इस बात की है, मैं किसके पीछे हो गया

• • •

अच्छा हो कि दिल की बातें, दिल में दफन रहें
वरना फिर जुबान मुद्दा आंखों का छेड़ेगी

• • •

हीरे से कम नहीं है, मेरे जीवन की दासतां
हसीन है कितना मगर, गिना पत्थर में जाता है

• • •

एक गीत पूरा हो गया था, सोचा कि तुमसे बात कर लूं
पर बात करके ऐसा लगा, अभी बहुत कुछ लिखने को है

• • •

विद्वानों की नज़र में
कवि व कवि की रचनाएं

पुरुष यदि एक वृक्ष है तो स्त्री उसकी जड़ों की तरह है। अतल अंधियारे शून्य में फैली हुई। जड़ की पकड़ अंदर धरती में न हो तो पेड़ खड़ा नहीं रह सकता। इन कविताओं को पढ़कर मैं बहुत अचंभित हूं कि जड़ और वृक्ष के उस मिलन या कहें विभाजन-बिन्दु की सरल रेखा की जटिलताओं को शशिकांत कैसे पकड़ पाए। शशिकांत को जमीन पर खड़े होने के बावजूद जड़ें दिखाई देती हैं। कभी लगता है वह धरती के अंदर हैं और वहां से वृक्ष को देख रहे हैं।

यह ज्ञान की निरर्थकता पुनः बुद्धि द्वारा नहीं, भावना द्वारा ही समझी जा सकती है। पल-पल बदलते रंग को कैसे कोई समझ सकता है? परंतु शशिकांत ने समझा। क्या शशिकांत को परकाया प्रवेश की क्षमता हासिल है? शायद हां। यह क्षमता सिद्ध करती है कि वह कवि हैं और परकाया प्रवेश कर सकते हैं।

- अशोक चक्रधर

जानना और किसी के आंतरिक अनुभवों से गुजरना दो अलग-अलग बातें हैं और उनको अभिव्यक्त करना और भी गहरी बात है। यही हुनर शशिकांत की पहचान है। शशिकांत की कविताओं को पढ़कर अचरज होता है कि उन्होंने अंतः चेतना के तमाम गलियारों को इतनी गहराई से अभिव्यक्त किया है। मन के अद्भुत पहलुओं को छूने वाली शशिकांत की कविताओं ने मुझे भी छुआ है। इनसे मैंने संवाद स्थापित किया है।

- चित्रा मुद्गल

'अक्षर, इल्म से शायरी नहीं आती उसके लिए दिल में दर्द को जगह देनी पड़ती है' वाली उक्ति आपकी रचनाओं पर बिलकुल सही बैठती है। आप एक भावुक कवि हैं, दर्द आपके हर काव्य में नजर आता है। दर्द-पीड़ा-छटपटाहट आपके सहचर और सहेलियां हैं। ये सभी आपको एक श्रेष्ठ रचनाकार बनाने में सफल होते हैं। इनमें जो एक दर्द की अंतर्धारा है वह निरन्तर गतिमान है उसकी लय के साथ मन भी बहने लगता है।

- गोपालदास नीरज

अंतस की गहराइयों तक पहुंची संवेदनाएं भी शब्द पा लें यह कम ही हो पाता है। आपकी सभी रचनाएं एक अन्यतम अभिव्यक्ति है। अभिव्यक्ति का और काव्य

के रूप में अभिव्यक्ति का वरदान बहुत ही कम लोगों को प्राप्त होता है और आप तो वैसे भी अभिव्यक्ति में सक्षम हैं। प्रत्येक पंक्ति जन-जन के दुख को बटोरती प्रतीत होती है तथा प्रत्येक व्यक्ति इन कविताओं की पंक्तियों में अपना सारा ही दर्द उमड़ता हुआ पा लेगा।
- डॉ. सरोजनी प्रीतम

स्त्री के बारे में अब तक बहुत कुछ अच्छा-बुरा लिखा जा चुका है। किंतु सत्य कितना लिखा गया है यह बहस का विषय है। अपने बेजोड़ काव्य संग्रह स्त्री की कुछ अनकही.... में कवि शशिकांत ने जिन पहलुओं को अभिव्यक्ति दी है वे महज स्त्री से ही जुड़े हुए नहीं हैं, बल्कि समग्र सामाजिक संरचना से सरोकार रखते हैं। कविताओं में कवि ने जिन समस्याओं की ओर ध्यान आकृष्ट किया है वे व्यक्तिगत न होकर समष्टिगत हैं। एक सफल कृति के लिए कवि को बधाई। सभी कविताएं एक से बढ़कर एक हैं। रचनाओं को पढ़ने के बाद लगता है कि स्त्री के बारे में कुछ भी अनकहा नहीं रह गया।
- डी.पी. बन्दूनी

जिस उम्र में हम दर्द से जूझते रह जाते हैं, उस उम्र में दर्द को शब्द देकर मरहम बनाने का प्रयास आपकी बेहतरीन काव्य क्षमता का प्रमाण है। जो हृदय से बिना किसी रुकावट के अपनेपन के साथ जुड़ती हैं। ये मात्र कोरी कविताएं नहीं हैं बल्कि उन सभी लोगों के लिए एक औषधि हैं, जो अपनी तन्हाई को हमेशा अपनी आंखों में छिपाए रहते हैं।
- डॉ. गिरिराजशरण अग्रवाल

आपकी कविताओं को पढ़ने के बाद मैं यह कहे बिना नहीं रह सकती कि आपके उठाये प्रश्न बेहद महत्त्वपूर्ण हैं। जो इन कविताओं को पढ़ेगा वह सोच में जरूर डूबेगा और उसे रोशनी की, समझ की, सेंध से उजाला भी मिलेगा।
- इंदु जैन

हृदय यानि काव्यात्मकता, हृदय यानी आह और वाह, हृदय यानि स्त्रैण कोमलता, कमनीयता, दर्द और कसक, रस और रास, हृदय यानी संवेदन और प्रतिवेदन, एक निवेदन-एक निमंत्रण। हृदय के ऐसे लोक में विचरण करने के लिए निमंत्रण देती हैं शशिकांत की रचनाएं। जिसके हर पन्ने में शशिकांत का दिल धड़कता है।
- स्वामी चैतन्य कीर्ति

पुरुष होते हुए स्त्री की अवचेतन पर्तों की तहों में प्रवेश कर उसके नजरिये से देखना और महसूस करना, मैं तो अब तक मानती थी कि पुरुष के लिए यह असंभव सा है। लेकिन आपकी कविताओं ने यह आशा बंधायी है कि पुरुष भी संवेदनशील हो

सकते हैं और स्त्री के रहस्य में पैठ सकते हैं। शशिकांत अपनी कविताओं में जिस नफासत के साथ सत्य पर चोट की है वह अंतर्मुख कर देती है। इन रचनाओं के माध्यम से आपने स्त्री की सूक्ष्म संवेदनाओं के गहनतम तल को छुआ है और आप वाकई उनकी अनकही भावनाओं को कागज पर उतारने में सफल हुए हैं।

- मां अमृत साधना

शशि ने अपने विरह रूपी वेदना को खामोशी के आंगन में बैठकर कविगुरु रवींद्रनाथ ठाकुर की तरह एकला चलो की तर्ज पर स्वयं ही झेलने की कोशिश की है। अद्भूत है यह कोशिश, जिसमें धैर्य, प्यार, मोह, माया, तकरार, इनकार, इज़हार और ईर्ष्या शामिल है। कभी शशिकांत की साधना को देखकर प्रेरित हो जाता हूं। तो कभी उसकी मेहनत पर फ़ख्र महसूस करता हूं।

- निर्मलेंदु

शशिकांत खुली आंखों से दुनिया को देखने का प्रयास करते हैं जो कि निश्चित रूप से महत्त्वपूर्ण बात है। ईमानदारी से रची गई, शशिकांत की कविताएं आस्था जगाती हैं, जिनसे पाठक जुड़े बिना नहीं रह सकता। शशिकांत अपनी रचनाओं के साथ पूरी शिद्दत से उपस्थित हैं और यह उपस्थिति ही सार्थक कवि के रूप में उनकी उपस्थिति दर्ज कराती है।

- सतीश सागर

शशिकांत मन की अनुगूंजों के कवि हैं। कविता उनके लिए जीवन की लय के समान है। जैसे सामान्य मनुष्य की जीवन में श्वासोच्छ्वास सहज गति से स्वयंमेव होता रहता है, वैसे ही कविता शशिकांत के साथ-साथ सांस लेती है। प्रेम, शृंगार, मिलन-विरह, अकेलेपन तथा जीने की अदम्य लालसा कवि के उद्गारों में झलकती है और यही उनकी सबसे बड़ी शक्ति है।

- डॉ. धनंजय सिंह

नई पीढ़ी के कवि शशिकांत की कोरी अभिव्यक्तियां सरल और सपाट हैं। और इसी में उनकी कविताओं की मौलिकता है। दर्द और कराह से लबरेज शशि की कविताओं में नए मुहावरे हैं, दर्द को जीने और उसे अभिव्यक्त करने का हुनर है।

- राजशेखर मिश्र

शशिकांत की रचनाओं के पीछे छिपा खामोश दर्द आवाज देता है, जो रूह तक पहुंचता है और गहराईयों में दफन दर्द की परतें करवटें लेने लगती हैं। इनकी कविताएं काबिल-ए-तारीफ हैं।

- वेद प्रकाश

शशिकांत जी की रचनाएं पढ़कर मैं उनके लिए एक बात कह सकता हूं कि वह शब्दों के जादूगर हैं।

- धरम बारियाट

पत्र-पत्रिकाओं की नज़र में
कवि व कवि की रचनाएं

शशिकांत की रचनाएं न केवल अछूते कोणों से संस्पर्श करती हैं बल्कि अपनी सरस व एकाकार कर देने वाली शैली में पाठक को अपने साथ बहा ले जाती हैं। शायद इसी कारण से इनकी कविताओं में दार्शनिकता किसी भी रूप में बोझिलता का सबब नहीं बनती और वह कविता में घुल-मिल जाती हैं।

- दैनिक हिन्दुस्तान

मन की गहराई की थाह पाना उतनी ही दुरुह है जितना समुद्र की तलहटी से मोती निकालना। अंतस के इन्हीं मनोभावों को बड़े सूक्ष्म रूप से उकेरती है शशिकांत की कविताएं, जो दु:ख देती नहीं दुख बांट लेती हैं। दर्द के इर्द-गिर्द श्रवण करने वाली सारी कविताएं मनुष्य को मांजने में मददगार साबित होती हैं।   - पंजाब केसरी

शशिकांत की कविताओं में दर्द को अंतरतम में महसूस करना संभव है। अनकही विवशता को कवि ने बखूबी ढंग से समझा व व्यक्त किया है। तुकांत से आगे निकलती ये कविताएं गुनगुनाई भी जा सकती है।   - नवभारत टाइम्स

यथार्थ और संवेदना से लबरेज शशिकांत की कविताएं किसी स्वप्नलोक में नहीं ले जाती बल्कि खुद को खुद के करीब ले आती हैं। तन्हाई एवं शिकायतों से दूर इनकी रचनाएं खुद को खुद का एक हमसफर बनाकर ताउम्र जीने का जुनून भी देती हैं।

- दैनिक जागरण

शशिकांत की कविताएं जिंदगी के बहुत नजदीक हैं जो हर मनुष्य को जिंदगी के सही मायने समझाती है जिसको शुतुरमुर्ग की तरह रेत में गर्दन धंसाकर झुठलाया नहीं जा सकता।   - जनसत्ता एक्सप्रेस

भिन्न-भिन्न मन:स्थितियों की परिचायक शशिकांत की कविताएं हर दर्द के लिए एक दवा है। जिसमें सुलगते प्रेम की आभा स्पष्ट तैरती नजर आती है।

- दैनिक भास्कर

आंतरिक मन के अकसर बंद पड़े रहने वाले किवाड़ों को खोलने और पर्त दर पर्त अपेक्षाओं, आकांक्षाओं, अनूभूतियों की कलात्मक ढंग से अभिव्यक्ति शशिकांत ने अपनी कविताओं में दी है, जिसे महसूस किये बिना नहीं रहा जा सकता। शशिकांत की कविताएं मनोभावों पर केंद्रित होते हुए भी सामाजिक सच्चाइयों, कटुताओं और कुंठाओं की खामोशी को बयान करने में पूरी तरह सक्षम है, खासतौर पर आदमी और औरत के रिश्तों के संदर्भ में सामयिक और प्रशंसनीय प्रयास के लिए कवि बधाई के पात्र हैं।

- दैनिक ट्रिब्यून

कवि शशिकांत के पास एक स्त्री मन भी है, जिसके माध्यम से वह नारी संसार से उसके स्तर पर गहरा संवाद स्थापित करते हैं। पुरुष होकर भी नारी मन के भीतर इतनी गहरी पैठ है कि कोई नारी भी इतने गहरे तक स्त्री-मन की अभिव्यक्ति नहीं कर पाई है।

- नई दुनिया

मन की इतनी सूक्ष्म एवं गहरी अभिव्यक्तियां शायद ही कहीं पढ़ने को मिले। इन्हें पढ़ना अपने आप में निर्भार होना है।

- गृहलक्ष्मी

www.ingramcontent.com/pod-product-compliance
Lightning Source LLC
LaVergne TN
LVHW051303200726
843510LV00010B/1259